TEORÍA Y METODOLOGÍA PARA LA ENSEÑANZA DE ELE

I. Fundamentos, enfoques y tendencias

Dirección editorial: enClave-ELE

Autores: Eulalio Fernández Sánchez, María Luisa Calero Vaquera, Víctor Pavón Vázquez, Carmen F. Blanco, Linda Garosi, Giorgia Marangon y Francisco J. Rodríguez

Coordinadores: María Martínez-Atienza y Alfonso Zamorano Aguilar

Supervisor editorial: Ernesto Puertas Moya

Diseño y maquetación: Diseño y Control Gráfico

Cubierta: Malena Castro

Fotografías: © Shutterstock

© enClave-ELE, 2018

ISBN: 978-84-16108-95-4
Depósito legal: M-3302-2018
Impreso en España
Printed in Spain

Cualquier forma de reproducción, distribución, comunicación pública o transformación de esta obra sólo puede ser realizada con la autorización de sus titulares, salvo excepción prevista por la ley. Diríjase a CEDRO (Centro Español de Derechos Reprográficos, www.cedro.org) si necesita fotocopiar o escanear algún fragmento de esta obra.

ÍNDICE

LOS COORDINADORES Y EDITORES DE ESTA OBRA 7

PRÓLOGO 9

LA ASL DESDE UNA APROXIMACIÓN PSICOLINGÜÍSTICA   13

1. Introducción: definición, delimitación
   y descripción del objeto de estudio 13
   1.1. *Proceso fenomenológico y complejo* 13
   1.2. *Definición de adquisición de segundas lenguas* .. 14
       1.2.1. El lenguaje como habilidad cognitiva 15
       1.2.2. Distinción entre adquisición de L1
              y adquisición de L2 16
       1.2.3. Aprendizaje y enseñanza de segundas lenguas 17
       1.2.4. La interlengua 17

2. Premisas epistemológicas
   de la aproximación psicolingüística a ASL 18
   2.1. *Fin de la dicotomía mente/cuerpo*
        y la materialidad de la mente 20
   2.2. *El papel activo del sujeto en la cognición* 21
   2.3. *La relevancia de los estudios funcionales y*
        semánticos en la cognición 21
   2.4. *El papel clasificatorio de la cognición* 22
   2.5. *Los límites neurofisiológicos del ser humano* 24

3. La naturaleza del lenguaje
   en el paradigma cognitivista 24

4. Naturaleza psicolingüística
   del proceso cognitivo de ASL 27

ÍNDICE

5. Propuesta metodológica concreta en el ámbito de la enseñanza de lenguas extranjeras a adultos 32
   5.1. Estructura del material 33

6. Conclusión 34

7. Propuestas didácticas 35

8. Temas para la reflexión 36

9. Bibliografía básica comentada 37

LAS TEORÍAS LINGÜÍSTICAS COMO FUNDAMENTO DE LOS ENFOQUES Y MÉTODOS EN LA ENSEÑANZA DE ELE 39

1. Algunas aclaraciones conceptuales y terminológicas previas: *enfoque ~ método ~ diseño ~ procedimiento* 39

2. La gramática tradicional como inspiradora de los métodos más antiguos y persistentes 40

3. El estructuralismo como base de la enseñanza de segundas lenguas 43

4. Las repercusiones (tangenciales) de la Lingüística cognitiva en la enseñanza de lenguas 46

5. El lenguaje como objeto de estudio interdisciplinar: la irrupción de las funciones comunicativas en la enseñanza de segundas lenguas 48

6. Algunas reflexiones para concluir 52

7. Temas para la reflexión 54
   A) *Texto teórico de un método basado en la Gramática-Traducción* 54
   B) *Texto teórico de un texto con base estructuralista* 55

      C) Texto teórico de un método
          con enfoque comunicativo 57

8. Propuestas didácticas 58
     A) Método Gramática-Traducción 58
     B) Método con enfoque estructuralista 60
     C) Método con enfoque comunicativo 62

9. Bibliografía básica comentada 65

METODOLOGÍAS EN LA ENSEÑANZA-APRENDIZAJE DE SEGUNDAS LENGUAS 67

1. Introducción 67

2. Fundamentos teóricos 69
   2.1. Principales enfoques y métodos en la
        enseñanza de Español con Lengua Extranjera ... 69
   2.2. Premisas metodológicas 73
   2.3. La enseñanza de las destrezas lingüísticas 74
   2.4. Naturaleza y gradación de las tareas 76
   2.5. El lugar del conocimiento lingüístico 78
   2.6. El tratamiento del error 80

3. Propuesta didáctica 83
   3.1. Sugerencias prácticas para el profesorado
        de Español como Lengua Extranjera 83
   3.2. Ejemplo práctico para la enseñanza
        de reglas gramaticales 86

4. Temas para la reflexión 89
   4.1. La interacción en el aula 90
   4.2. Clases heterogéneas 91

5. Bibliografía básica comentada 93

EL *MCER* Y EL *PLAN CURRICULAR* DEL IC 99

1. Contextualización y definición del *MCER* 99

ÍNDICE

2. Principales componentes del *MCER* 101

   2.1. La dimensión vertical:
   los niveles comunes de referencia 102
   2.2. La dimensión horizontal:
   las categorías de uso de la lengua 103

3. Ideas fundamentales de la política lingüística
   del Marco Común Europeo 105
   3.1. Plurilingüismo y pluriculturalismo. Diversificación
   lingüística. Movilidad y cooperación 106

4. El Portfolio y el Europass: modos de elaboración
   para el pasaporte lingüístico 109

5. Evaluación y certificación. Diploma DELE 111
   5.1. Aproximaciones teóricas 112
   5.2. DELE: Diploma de Español
   como Lengua Extranjera 115

6. El Marco Europeo y el Plan Curricular
   del Instituto Cervantes 120
   6.1. El alumnado como agente social 122
   6.2. El alumnado como hablante intercultural 122
   6.3. El alumnado como aprendiente autónomo 123
   6.4. Diseño de una programación docente 125

7. Temas para la reflexión 129

8. Bibliografía básica comentada 130

GLOSARIO 135

REFERENCIAS BIBLIOGRÁFICAS 139

PERFIL PROFESIONAL DE LOS AUTORES/AS 147

LOS COORDINADORES
Y EDITORES DE ESTA OBRA

María Martínez-Atienza es Profesora Titular de Universidad del Área de Lengua Española en el Departamento de Ciencias del Lenguaje de la Universidad de Córdoba (España). Obtuvo el Premio Extraordinario en la Licenciatura en Filología Hispánica en la Universidad de Castilla-La Mancha. Durante siete años ha desarrollado su actividad docente e investigadora en la Universidad Ca' Foscari de Venecia (Italia), donde se ha formado, entre otros ámbitos, en la enseñanza del español como lengua extranjera. Sus líneas de trabajo están basadas en la gramática y en la semántica del tiempo y del aspecto verbal en español, tema de su tesis doctoral, así como en el contraste con el italiano, cuestión a la que se dedica tanto desde un enfoque teórico como desde un enfoque aplicado a la enseñanza de ELE. Entre sus publicaciones, destaca el libro de la editorial Lincom (Alemania) titulado *Temporalidad, aspectualidad y modo de acción: formas verbales y complementos temporales en español y su contraste con otras lenguas* (2012), así como el libro *Tiempos verbales del indicativo en español e italiano. Significado y uso,* publicado en la editorial italiana Celid en 2015, o el *Diccionario de perífrasis verbales*, publicado en Gredos en 2006 y escrito con otros cuatro especialistas. Es autora de varios artículos de revistas y también de diversos capítulos de libro en editoriales como Vervuert Iberoamericana, Gredos o Peter Lang. Es, además, autora de tres capítulos de la *Gramática de referencia de español para italófonos* (CLUEB 2013), coordinada por Félix San Vicente. Coordinadora del Grado de Filología Hispánica es, actualmente, Vicedecana de Ordenación Académica y Calidad en la Facultad de Filosofía y Letras, así como Coordinadora, junto a la Profa. M. Carmen García Manga, del itinerario de Metodología de la enseñanza-aprendizaje de ELE del Máster de Español de la Universidad de Córdoba.

Alfonso Zamorano Aguilar es Profesor Titular de Universidad del área de Lingüística General en el Departamento de Ciencias del Lenguaje de la Universidad de Córdoba. Premio Extraordinario de Licenciatura (2001) y Premio Extraordinario de Doctorado (2005), ha centrado su investigación, de forma prioritaria, en la historia del pensamiento lingüístico y gramatical y en las relaciones entre lingüística y las teorías físico-matemáticas del caos. Asimismo, ha participado en la organización e impartición de cursos y seminarios sobre metodología de la enseñanza-aprendizaje de ELE y es coordinador de publicaciones sobre enseñanza de ELE. En sus líneas prioritarias de trabajo ha publicado más de 80 trabajos (libros, artículos y capítulos de libro); algunos de los más destacados son: *Gramaticografía de los modos del verbo en español*

(SPU, Córdoba, 2002), *El subjuntivo en la historia de la gramática española (1771-1973)* (Arco/Libros [Colección *Bibliotheca Philologica*], Madrid, 2005) o la coordinación y edición de *Reflexión lingüística y lengua en la España del XIX. Marcos, panoramas y nuevas aportaciones* (Lincom [Studies in Romance Linguistics 70], München, 2012). Ha participado en proyectos I+D+i tanto nacionales como internacionales y ha sido conferenciante invitado en universidades de numerosos países de Europa y América (Italia, Alemania, Bulgaria, EE. UU., Uruguay, Argentina, Chile, Venezuela, México, entre otros). Además, es evaluador científico en revistas nacionales e internacionales de prestigio. Vicedecano de Calidad, Proyección e Infraestructuras de la Facultad de Filosofía y Letras (2009-2014), desde el 12 de junio de 2014 es Vicerrector de Estudiantes de la Universidad de Córdoba.

En la revisión formal y en la elaboración del glosario han colaborado D. Sergio Rodríguez Tapia (Doctorando y Becario FPU en el Dpto. de Ciencias del Lenguaje, Universidad de Córdoba) y Dña. Marina Castro Cruz (Doctoranda del Dpto. de Ciencias del Lenguaje, Universidad de Córdoba).

PRÓLOGO

Marta Baralo Ottonello
Universidad Antonio de Nebrija

Este libro dedicado a la enseñanza de ELE ofrece a los profesores un panorama amplio y completo sobre las cuestiones vinculadas a los diferentes aspectos y momentos de este proceso y a sus diferentes actores.

Sin duda, para saber cómo enseñar una lengua, cuáles son las necesidades de los aprendientes, qué decisiones tomar en la planificación de los objetivos y contenidos y los medios didácticos para alcanzarlos, resulta más que necesario saber cómo se aprende una lengua nueva, o cómo se adquiere ese nuevo sistema de comunicación.

Las respuestas a tantas preguntas necesitan contar con conceptos, constructos y unidades de análisis que se enmarcan en teorías lingüísticas y en enfoques y métodos didácticos.

Si nuestros alumnos muestran titubeos y variabilidad en el uso del pretérito perfecto simple (pretérito indefinido) y del pretérito perfecto compuesto, el profesor deberá ayudarles a construir una representación mental más certera en su interlengua. Para ello, el profesor tendrá que conocer una teoría del tiempo y del aspecto que le permita explicar los valores semánticos y aspectuales de estas dos formas de referirse al pasado. Sin embargo, no servirá de mucho al alumno que el profesor le cuente los valores aspectuales de perfecto, perfectivo y aoristo. Más prudente y útil resultaría mostrarles el uso real del habla de hablantes nativos cultos que están habituados a sus usos prototípicos, en textos que sean procesables, es decir, reconocibles y entendibles. Y al mismo tiempo, convendría hacerles ver también que la selección de estas dos formas verbales varía en sus valores funcionales en diferentes regiones dialectales del español. Esto significa que el profesor de ELE debe conocer los procesos de adquisición de la gramática, la descripción de las estructuras gramaticales, los modelos pedagógicos de presentar esas estructuras más complicadas o más resistentes a la adquisición. En otros casos, como en la proyección sintáctica de los verbos con los que expresamos gustos y preferencias, las teorías lingüísticas le pondrán en evidencia que esas estructuras son muy idiosincrásicas, raras en la medida en que el experimentante del gusto se manifiesta como objeto indirecto y no como sujeto de la oración, mientras que el argumento interno, o lo gustado, se proyecta como sujeto en enunciados del tipo *Me gusta/encanta el chocolate*, frente a lo esperable de *Yo gusto/encanto el chocolate*.

Estos simples ejemplos concretos, conocidos por los profesores y los alumnos de ELE, nos ponen de relieve que no basta con saber hablar la lengua o saber filología o lingüística para poder ser un buen profesor que contribuya a la tarea de aprender el español con éxito. Los volúmenes de esta colección van en esa línea de ofrecer un panorama completo, desde los fundamentos teóricos que aporta este Volumen 1 hasta las diferentes cuestiones relacionadas de manera más aplicada a los conocimientos que necesita el profesional de ELE, que abordan en los volúmenes sucesivos.

Las teorías de adquisición de lenguas son variadas porque las preguntas de investigación de las que parten son variadas. Un profesor de ELE que esté interesado en cómo conseguir que sus alumnos mejoren la pronunciación de las consonantes oclusivas sordas y sonoras buscará respuestas en las teorías del reconocimiento y la articulación de unidades fónicas. Estas teorías responden a cuestiones que poco tienen que ver con las que intentan explicar cómo se adquiere el sistema algorítmico de la gramática y cómo todos los aprendientes procesan y producen sintagmas de diferentes tipos, con relaciones de dependencia abstractas y no evidentes entre cada uno de sus constituyentes, sin darse cuenta de lo que están haciendo. De hecho, el profesor no enseña gramática, solo enseña aquellos aspectos de la gramática que por alguna razón específica de la lengua española generan errores en la producción de los aprendientes u ofrece dificultades especiales de procesamiento, como en los dos ejemplos que hemos visto arriba. Por ello no hay una sola teoría que pueda explicar la adquisición de todas las subcompetencias de la competencia comunicativa. Tampoco hay una sola teoría que pueda explicar el funcionamiento del sistema lingüístico en el nivel pragmático, discursivo, léxico-semántico, léxico-gramatical, sintáctico, morfológico y fonológico.

Cualquier profesor de lenguas que se sienta interesado por las causas que generan los errores de sus alumnos, encontrará en las páginas de este volumen ideas nuevas, conceptos que le permitirán pensar, explicar y discutir con sus colegas y con sus alumnos el origen de sus dificultades. Los procesos de construcción creativa o los procesos de formación de hábitos no tienen por qué ser contrarios y excluyentes en el aula de lenguas extranjeras. Ambos son útiles y el profesor puede ayudar a construir el andamiaje del experto para facilitar la tarea de aprendizaje a sus alumnos, si es capaz de conocer las teorías de adquisición y las teorías lingüísticas que le ayudan a entender y explicar tales dificultades.

Sin duda, la lingüística cognitiva le ayudará a desentrañar algunos significados codificados con formas gramaticales complejas. Complejas en el sentido de que esconden relaciones no unívocas y no transparentes entre forma y función, como es el caso de la determinación de los nombres o de las diferentes formas de referirse a lo expresado por el enunciador de los tiempos y modos verbales. Pero esta teoría lingüística no explica toda la competencia gramatical que adquiere el alumno de ELE sin darse cuenta, de manera implícita y procedimental, solo a partir del procesamiento de los textos adecuados a su nivel que tiene a su alcance en los manuales y en las clases bien programadas por el profesor.

Son muchos los misterios de la adquisición de una lengua por parte del niño o del adulto que todavía no podemos explicar. Son muchos los misterios que se pueden asociar a tal proceso que se presenta como "un milagro" cuando pensamos en todo lo que se sabe sin saber que se sabe en cuanto a la competencia lingüística comunicativa.

Pero también son muchos los problemas que la experiencia docente y las teorías lingüísticas han ido comprendiendo, explicando y proponiendo descripciones que pueden ser conceptualizadas y presentadas de forma didáctica a los estudiantes. El profesor de ELE que las conozca tendrá mayor comprensión de lo que ocurre en la mente de sus alumnos, tanto en los aspectos cognitivos como en los emocionales y actitudinales. Y, en consecuencia, podrá ser mucho más libre y sentirse mucho más seguro en el quehacer diario, a la hora de tomar decisiones didácticas sobre las necesidades lingüísticas de sus alumnos.

Una vez que se han encontrado respuestas, aunque estas no sean definitivas, a las preguntas sobre cómo se adquiere el español como lengua extranjera, y cómo afectan al proceso de adquisición todas sus variables externas e internas, el profesor puede tomar decisiones eficaces para cada caso, pues tampoco existe el enfoque o el método de enseñanza perfecto universal que funcione para todos los casos de aprendientes. El docente tomará decisiones diferentes si estos provienen de lenguas próximas o de lenguas de gran distancia tipológica con el español, si estudian por gusto o por exigencia del currículo escolar, si van a comunicarse en español o posiblemente nunca lo utilicen, si tienen posibilidades de intercambios reales o se encuentran en la perspectiva de realizar un examen de alto impacto de certificación de dominio lingüístico en español, más un largo etcétera de situaciones de docencia.

De ahí surge la importancia de conocer, entender y practicar diferentes metodologías en la enseñanza-aprendizaje de segundas lenguas. Nadie duda de la eficacia del enfoque por tareas para que los alumnos desarrollen su competencia comunicativa, ya que solo el uso de la lengua en situaciones de interpretar y codificar significados hace posible el aprendizaje y la comunicación en esa lengua. Pero aquellos momentos en los que surgen errores porque el alumno se encuentra ante estructuras léxicas y gramaticales o fonéticas especialmente complicadas por su falta de transparencia en las relaciones de forma y significado, le van a obligar a recurrir a otras técnicas y modelos de enseñanza que pongan el foco en la atención a la forma, al procesamiento del *input* dándose cuenta de qué forma está soportando qué significado, quizás a la traducción directa e indirecta, e inclusive a la formación de un nuevo hábito lingüístico.

Para tomar estas decisiones didácticas, el profesor de ELE no está solo. Las instituciones europeas han valorado desde su fundación la importancia de la comunicación intralingüística y han contado con expertos para poner en común la investigación realizada. El *Marco común europeo de referencia para el aprendizaje, la enseñanza y la evaluación de las lenguas* constituye una fuente de principios y un estado del arte sobre el tema, de gran ayuda para el profesor interesado en estos temas, así como para los miembros de los claustros de profesores que deben diseñar los currículos de los centros de enseñanza o desarrollar las planificaciones y programaciones de enseñanza de lenguas extranjeras. En el ámbito del español, el *Plan curricular del Instituto Cervantes* es una herramienta útil para todos los que nos dedicamos a la formación de profesores, al diseño de materiales didácticos, a la coordinación de centros de ELE y, por supuesto, para los profesores de ELE que trabajan con autonomía y curiosidad continuas.

Este libro da buena cuenta de todas estas materias imprescindibles para la docencia de ELE. Es el primer volumen de una serie que viene a cubrir las necesidades del profesional del siglo XXI. En sus capítulos se van presentando los fundamentos teóricos y las vinculaciones e interrelaciones de las teorías de adquisición de lenguas, con las teorías lingüísticas, que subyacen a los enfoques y métodos de enseñanza, en el marco de documentos institucionales especializados en la enseñanza y la evaluación de las lenguas no nativas en general y del español como lengua extranjera en particular.

Los temas que se tratan en los cuatro capítulos del Volumen 1 abordan lo más interesante y actual sobre las áreas de conocimiento aquí reseñadas y permiten a su lector ponerse al día y saber más para poder hacerse nuevas y desafiantes preguntas sobre el proceso de enseñanza y aprendizaje de ELE.

CAPÍTULO 1

LA ASL DESDE UNA APROXIMACIÓN PSICOLINGÜÍSTICA

Eulalio Fernández Sánchez
Universidad de Córdoba

1. INTRODUCCIÓN: DEFINICIÓN, DELIMITACIÓN Y DESCRIPCIÓN DEL OBJETO DE ESTUDIO

La adquisición de segundas lenguas constituye uno de los objetos de estudio en las ciencias sociales y humanas que recibe una destacada atención desde distintos ámbitos: educativo, pedagógico, sociolingüístico, entre otros. A pesar de que la adquisición de segundas lenguas ha constituido un tema de análisis fundamentalmente en el contexto del aula, en las últimas décadas hemos asistido a una socialización del acceso a las segundas lenguas que trasciende el caso de la lengua inglesa y que llega a otros sistemas lingüísticos cuya adquisición como segunda lengua o lengua extranjera ha experimentado un aumento significativo en los últimos lustros, como es el caso del español. No cabe duda de que el protagonismo que la lengua inglesa ha tenido en este contexto ha sido motivado principalmente por la transformación del inglés en una lengua internacional. No obstante, el tópico de la adquisición de lenguas ha traspasado el ámbito académico del aula de idiomas y se ha convertido en tema recurrente respecto de otras cuestiones, relacionadas algunas de ellas con la política y la administración, así como la oficialidad de las lenguas, o la elección de una determinada lengua vehicular. A ello hay que añadir el hecho de que la existencia de segundas lenguas es una constante en la sociedad actual. De ahí que podamos concluir que el espacio de las segundas lenguas no se reduce únicamente al contexto formal de la educación, sino que está presente en una extensa multiplicidad de ámbitos.

1.1. Proceso fenomenológico y complejo

En este sentido, aún sigue estando vigente la afirmación de Larsen-Freeman y Long (1991, p. 5): «Hay tantas razones para estudiar la ASL como lugares en el mundo donde las segundas lenguas se adquieren y usan». El gran beneficio que el estudio de la adquisición de segundas lenguas produce está dirigido, obviamente, a la enseñanza de idiomas, aunque en sí mismo es un proceso complejo y poliédrico en el que intervienen una serie de factores de diversa naturaleza, cuyas aportaciones repercutirán positivamente al esclarecimiento de otros procesos y subprocesos que participan en el primero.

No obstante, la disciplina que encontrará un beneficio directo es, sin duda, la enseñanza de segundas lenguas y los propios aprendices. Como señala Corder (1981, p. 7), «una enseñanza adecuada de la lengua debe ocuparse de los procesos naturales, no ir en contra de estos, facilitar y agilizar el aprendizaje en lugar de impedirlo». Por otro lado, la clarificación del proceso de adquisición de una segunda lengua propicia un avance significativo en otras acciones y programas educativos relacionados con el bilingüismo, los programas de inmersión o los programas de diversificación y adaptación curricular en el caso de los alumnos con necesidades educativas específicas.

En gran medida, el beneficio generado por la investigación sobre los procesos de adquisición de segundas lenguas será proporcional a la fidelidad con que los investigadores sigan las palabras anteriormente citadas de Corder (1981), de manera que se evidencie como anacrónica y superada la afirmación de Lightbown (1985, p. 22), cuando afirmó:

> *Por el momento, la investigación de ASL puede revelar hasta cierto punto lo que los aprendices hacen y saben, pero como todavía no sabemos con seguridad cómo lo han conseguido, estamos lejos de saber qué prácticas pedagógicas deberían seguirse.*

1.2. Definición de adquisición de segundas lenguas

Por ello, resulta fundamental para un acercamiento sistemático al proceso que nos ocupa que se defina claramente el objeto de estudio en cuestión. Siendo un proceso complejo y heterogéneo, requerirá un acercamiento que aglutine los aspectos que intervienen en el mismo independientemente de las variables que participen en él, y que dependerán fundamentalmente de la confluencia de aspectos internos y externos al sujeto que protagoniza el aprendizaje. Es decir, la adquisición de una segunda lengua es un proceso individual que tiene lugar en unas determinadas circunstancias. De ahí que la confluencia de los factores internos y externos anteriormente mencionados nos permita definir el objeto de estudio. En este trabajo, recogemos la definición globalizadora de Ellis (1986, p. 6), cuando afirma que:

> *El término «adquisición de segundas lenguas» se refiere al proceso subconsciente y consciente por medio del cual se aprende una lengua*

> *distinta a la materna en un marco natural o tutorizado. Abarca el desarrollo de la fonología, la gramática, y el conocimiento pragmático... El proceso consta de rasgos variables e invariables.*

Los investigadores deben ser capaces de explicar la adquisición de segundas lenguas tanto si esta tiene lugar en el contexto de una segunda lengua como si es en el de una lengua extranjera. La investigación de ASL tiene que dar cuenta de las variables específicas e individuales del aprendiz, por ejemplo la edad o la distancia psicológica y social. Por otro lado, hay casos en los que la investigación sobre ASL no se centra en una segunda lengua en sentido estricto, sino en una tercera o cuarta, o en casos de bilingüismo.

Así pues, podemos apreciar que la variabilidad es altamente manifiesta. No es de extrañar, tal como dice Seliger (1984, p. 37) que sea imposible describir inequívocamente todas las variables que intervienen en la ASL, aunque también señala:

> *Pese a esta diversidad infinita se da el hecho universal de que seres humanos de todas las edades, actitudes, niveles de inteligencia, nivel socioeconómico, etc., consiguen adquirir una segunda lengua en una amplia variedad de contextos naturales y formales.*

Estudiar estos procesos y las razones del éxito y el fracaso de los individuos inmersos en los mismos aporta una coherencia latente a tres décadas de investigaciones centradas en un proceso, tal como se ha señalado anteriormente, complejo, heterogéneo y poliédrico, cuya identificación y estudio ha requerido un esfuerzo de concreción destacado. Para lograr este fin, se ha trazado una serie de aclaraciones terminológicas relacionadas con términos o procesos similares, como los que se refieren a continuación.

1.2.1. El lenguaje como habilidad cognitiva

Este aspecto se centra en la disputa entre los que piensan que el lenguaje es una propiedad única de la mente humana y los que consideran que es lo mismo que otros aspectos de la mente. Para los primeros el lenguaje es único, es decir, las estructuras, los significados y el modo como se usan en el lenguaje son diferentes de cualquier otro fenómeno. La única manera de estudiar la adquisición del lenguaje es a través de su propia evidencia sin poder generalizar a partir del aprendizaje de otras habilidades cognitivas. Para los segundos, la adquisición de la segunda lengua es un caso especial de los principios generales que se aplican a lo que las personas hacen. Se aprende de la misma forma que otras destrezas y como otros procesos cognitivos. Por esta razón, el estudio de la adquisición de la segunda lengua puede partir del estudio de otras formas de aprendizaje. Los primeros son lingüistas, los segundos mayormente psicólogos. Las diferencias entre ambos parten de distintas concepciones del lenguaje, del aprendizaje y de los métodos de estudio de investigación. Esta distinción tiene grandes implicaciones para la enseñanza. Mientras que los primeros apuestan por el uso de los métodos naturalistas de adquisición del lenguaje desde el directo al comunicativo pasando por el audiolingüe, los segundos consideran que se pueden seguir las técnicas usadas en otros tipos de aprendizaje, de ahí que las estructuras gramaticales puedan ser explicadas, pueda usarse un práctica intensiva, o que el vocabulario pueda ser memorizado mediante estrategias de aprendizaje consciente, entre otras técnicas y métodos de enseñanza y/o aprendizaje.

1.2.2. Distinción entre adquisición de L1 y adquisición de L2

La premisa sobre la que con frecuencia se ha abordado el proceso de adquisición de una segunda lengua a partir de la analogía de dicho proceso con la adquisición de la primera lengua ha sido superada en las últimas décadas. Ya en los años setenta, Halliday (1975) señaló claramente la diferencia entre ambos procesos al puntualizar que la adquisición de la primera lengua consiste en aprender a significar, es decir, descubrir que el lenguaje se usa para relacionarse con otras personas y para comunicar ideas. El aprendiz de la segunda lengua ya sabe significar cuando se enfrenta al proceso de adquisición de la segunda lengua. Las similitudes y las diferencias entre ambos procesos deben partir de la evidencia. Ambas dicotomías ponen encima de la mesa, respectivamente, una coordenada cronológica biológica e instintivamente determinada y una coordenada locativa y formal determinada psico-cognitiva y neuro-fisiológicamente. Otra de las grandes diferencias reside en la evidencia de que cuando un individuo comienza el proceso de aprendizaje de una segunda lengua ya tiene en su mente una lengua. El objetivo es usar de manera competente la L2. Cook (1996) ha denominado este proceso como *multicompetencia* (conocimiento de dos o más lenguas en la misma mente) y lo expresa del siguiente modo:

> *Knowing another language may mean: getting a job, a chance to get educated; the ability to take a fuller part in the life of one's own country or the opportunity to emigrate to another; an expansion of one's literary and cultural horizons, the expression of one's political opinions or religious beliefs. It affects people's careers and possible futures, their lives and their identities. In a world where probably more people*

> *speak two languages than speak one, language learning and language teaching are vital to the everyday lives of millions (Cook 1996, p. 1).*

1.2.3. Aprendizaje y enseñanza de segundas lenguas

El estudio sistemático de la adquisición y el aprendizaje de segundas lenguas comenzó como tal a partir de la década de los setenta. Los primeros estudios sobre la adquisición de L2 se preguntaban qué tipo de técnicas de enseñanza daban los mejores resultados. En realidad, se ocupaban de analizar lo que sucedía en la enseñanza más que los principios del aprendizaje, a pesar de que la secuencia más lógica hubiera sido la contraria. Este hecho motivó que la mayoría del material de técnicas de enseñanza haya procedido de los trabajos de los enseñantes, más que de las conclusiones obtenidas en el estudio de la adquisición de segundas lenguas. En realidad, tradicionalmente los estudiosos de este proceso han sido formados preferentemente para enseñar y no para reflexionar sobre este proceso. Este hecho, lejos de ser un obstáculo, no supone una rémora para la investigación en ASL dada la interrelación e interdependencia entre ambos procesos. Lo cierto es que todo lo que se consigue en el aula de segundas lenguas es debido a los procesos que consciente o inconscientemente tienen lugar en la mente del aprendiz. Ciertamente sin entender por qué la gente necesita aprender otra lengua y cómo el conocimiento de otras lenguas se almacena y se aprende, los profesores serán menos eficientes de lo que podrían serlo. De forma concreta, los resultados de la investigación en ASL aportarán luz al docente en dos ámbitos particulares:

a) La aportación del aprendiz al proceso de ASL en función de los factores internos (personalidad, motivación, experiencia previa, estilos de aprendizaje, tipo de inteligencia, entre otros) que determinarán el papel que va a jugar en el mismo, y su interacción con la multiplicidad de factores externos que motivan y determinan el proceso de ASL.
b) La conexión y vinculación entre las teorías del aprendizaje, la aproximación al mismo y los procedimientos (técnicas, materiales e instrumentos docentes utilizados).

1.2.4. La interlengua

Este constructo teórico fue propuesto por Selinker (1972) y supuso una modificación sustancial de la percepción de los errores cometidos por el aprendiz en su proceso de ASL. La producción de los aprendices presenta errores que forman parte del sistema propio interlingüe que el individuo genera para alcanzar una L2. Los errores dejan de ser considerados como una muestra del fracaso del proceso de enseñanza-aprendizaje y, en consecuencia, no son evitables por definición. Al contrario, se convierten en el punto de partida para obtener información sobre los procesos internos que genera la mente del aprendiz de forma sistemática y dinámica en las diferentes etapas de su aprendizaje.

Así pues, la adquisición de segundas lenguas en términos psicolingüísticos se presenta como un proceso cognitivo complejo en el que el individuo llega a desarrollar una destreza lingüística adicional que complementa su competencia comunicativa a través de un proceso interlingüe en el que intervienen factores internos y externos al propio individuo. El análisis y estudio de los procesos y subprocesos implicados, así como de los factores intervinientes, permitirán no solo la explicación y compresión de los diversos casos de ASL, sino también el diseño y elaboración de los procedimientos más adecuados para la mejora continua de la enseñanza de la L2 en un contexto académico y formal. Todo ello requiere una reflexión previa sobre las bases conceptuales sobre las que se apoya esta aproximación al proceso de ASL.

2. PREMISAS EPISTEMOLÓGICAS DE LA APROXIMACIÓN PSICOLINGÜÍSTICA A ASL

La psicolingüística ha recibido múltiples definiciones y descripciones. Entre ellas resulta especialmente iluminadora la realizada por Anula Rebollo, quien sitúa la psicolingüística en un marco epistemológico más amplio, como se puede ver en la siguiente cita:

> *La biología y la computación son los dos pilares de la disciplina. La biología en tanto en cuanto el lenguaje depende de un intrincado sistema neurofisiológico. La computación en la medida en que la actividad verbal es básicamente un procedimiento de manipulación simbólica que requiere conocimientos, representaciones, algoritmos y mecanismos de procesamiento tales como dispositivos de cómputo, almacenes de memoria, etc. Biología y computación son las lentes con las que la psicolingüística observa el lenguaje y a través de él su verdadero objeto de estudio: la mente/cerebro, un sistema biológico único del que emergen las propiedades fisiológicas y mentales que propician el habla. Este marco científico nos muestra una propiedad del estudio actual del lenguaje: el carácter interdisciplinario de la investigación*

> *lingüística. Ciertamente, el estudio del lenguaje implica varias disciplinas, entre ellas, la lingüística, la psicología, las neurociencias y la inteligencia artificial. Todas ellas están involucradas en el examen de la capacidad verbal humana bajo un enfoque global que se conoce como ciencia cognitiva. Desde esta perspectiva teórico-metodológica, los fenómenos intelectivos deben estudiarse desde un planteamiento multidisciplinar unificado por la creencia de que los seres humanos son sistemas de procesamiento de la información (Anula Rebollo 1998, p. 10).*

La interacción entre la mente y el cuerpo propia de los estudios psicolingüísticos sitúa a esta disciplina plenamente en el paradigma científico del cognitivismo. Es Howard Gardner quien a finales de los ochenta habla de un nuevo paradigma conocido como la *nueva ciencia de la mente* (Gardner 1987), caracterizado por un nuevo grupo de preguntas que deben ser respondidas y por las respuestas que se consideran adecuadas. Para el propio Gardner, el cognitivismo como tal es el resultado de una evolución de la teoría del conocimiento a partir de los trabajos realizados en el ámbito de la lingüística, la psicología, la matemática, la cibernética y la inteligencia artificial. A pesar de los intentos por definir la ciencia cognitiva que proliferaron en el último cuarto del siglo anterior, los rasgos definitorios más sobresalientes aparecen recogidos en las definiciones que han realizado el propio Gardner (1987) y autores como Varela, Thompson y Rosch (1991).

En primer lugar, Gardner señala que la ciencia cognitiva no supone una ruptura total con la linealidad científica de los tiempos precedentes, sino que más bien es la consecuencia del estadio al que habían llegado varias disciplinas en el desarrollo de sus teorías. En este sentido, la ciencia cognitiva se puede definir del siguiente modo:

> *Un empeño contemporáneo de base empírica por responder a interrogantes epistemológicos de antigua data, en particular los vinculados a la naturaleza del conocimiento, sus elementos componentes, sus fuentes, evolución y difusión (Gardner 1987, p. 17).*

En segundo lugar, es necesario destacar la novedad que supone este nuevo *empeño contemporáneo*. La originalidad proviene del lugar que ocupa esta nueva disciplina dentro de la epistemología de nuestra era. En este sentido, Varela, Thompson y Rosch (1991, p. 498) afirman:

> *Cognitive science stands at the crossroads where the natural sciences and human sciences meet. It looks down both roads at once: one of its*

> *faces is turned toward nature and sees cognitive processes as behavior, the other is turned toward the human world, the life-world, and sees cognition as experience.*

El encuentro entre las ciencias naturales y humanas, aludido por Varela *et al.*, subraya la necesidad de integración e imbricación de los hallazgos obtenidos por las distintas disciplinas que comparten los intereses de un mismo paradigma científico. Sin duda, este esfuerzo requiere la existencia de un conjunto de principios y presupuestos sobre los que se asienta la generación del conocimiento en los distintos campos y disciplinas. Estos presupuestos teóricos y epistemológicos constituyen los fundamentos y los pilares sobre los que se asientan las investigaciones cognitivistas y, por ende, las psicolingüísticas.

Estas premisas epistemológicas, señaladas ya por Gardner (1987) en su libro *La nueva ciencia de la mente*, seminal para la ciencia cognitiva, son las que se comentan a continuación.

2.1. Fin de la dicotomía mente/cuerpo y la materialidad de la mente

La doctrina filosófica platónica fue rechazada totalmente con los estudios realizados fundamentalmente en el área de la psicolingüística en los años sesenta y setenta del siglo pasado. La ruptura con la formulación cartesiana de mente y cuerpo supone la piedra angular de la que los estudios cognitivistas parten. La cognición se convierte en un objeto de estudio posible a través de los sujetos cognoscitivos. Los estudios cognitivistas se caracterizan por el reconocimiento de los procesos mentales. A pesar de la oposición de los neuro-fisiólogos, Fodor (1975) reconoce la materialidad de la mente, hecho que manifiestan y defienden a toda costa los minimalistas. Aunque la materialización de los procesos mentales en un soporte físico no puede explicar la naturaleza intencional y funcionalista de la cognición humana y la experiencia mental, la naturaleza material de los procesos mentales puede explicarse desde dos perspectivas:

a) Todos los procesos que denominamos mentales tienen lugar mediante un soporte físico constituido por neuronas, en otras palabras, son el producto de un determinado agrupamiento neuronal. De ahí que los límites mentales estén en nuestros límites neuronales.

b) Los procesos mentales son significativos cuando están asociados o conectados con nuestra experiencia sensorial. Los fenómenos mentales adquieren funcionalidad sobre la base de nuestra estructuración preconceptual y prelingüística constituida por una serie de configuraciones esquemáticas (cf. Johnson 1987).

2.2. El papel activo del sujeto en la cognición

Dentro de la teoría clásica de distinción entre mente y cuerpo, la cognición estaba basada en la aprehensión de una serie de conceptos externos al individuo. El papel del individuo o la mente de cada ser humano era pasivo. Sin embargo, dentro de la ciencia cognitiva y con la ruptura entre mente y cuerpo, pronto surgieron las primeras voces, dentro de la psicología y la psicolingüística principalmente, que reclamaban una participación más dinámica del sujeto en los procesos cognitivos. Gran parte del carácter activo del sujeto en la cognición y en la organización del conocimiento se debe a la capacidad de crear estructuras, configuraciones o esquemas que se almacenan en la memoria. A su vez estos esquemas están formados a partir de la percepción de un *input* sensorial. Estos esquemas no son nociones estáticas, sino repertorios de información o conocimiento organizados de manera dinámica y activa. De ahí que los esquemas no sean sustanciales, sino formales. El esquema consiste en la organización de un tipo de conocimiento en estructuras significativas e interpretativas, en definitiva, estructuras cognitivas que resultan fundamentales para la cognición, y por ende, para el lenguaje. Esta información nos viene dada por la percepción y por la selección que tiene lugar en el *input* de datos sensoriales que se fijan en nuestra memoria y se organizan de manera determinada. La fijación de tales datos es neuronal, puesto que es el soporte material que subyace en el proceso cognitivo humano. La activación de tales procesos neuronales ayuda a crear una serie de imágenes mentales, sensaciones, que posibilitan la organización de un esquema particular, o la estructura neuronal para cada situación. El dinamismo de los procesos mentales es una de las razones de la dificultad existente en deslindar el conocimiento lingüístico del extralingüístico. En realidad, la base de la confusión está en la naturaleza de ambos tipos de conocimiento que se hallan en nuestra memoria.

2.3. La relevancia de los estudios funcionales y semánticos en la cognición

La pretendida existencia de diferentes módulos cognitivos independientes y autónomos justificaría el acercamiento al lenguaje de una manera independiente del resto del sistema cognoscitivo del ser humano. No obstante, se ha comprobado a lo largo de las dos últimas décadas que resulta prácticamente imposible estudiar el lenguaje sin tener en cuenta otros aspectos de la experiencia y de los análisis psicológicos. Por lo tanto, puesto que el lenguaje es un sistema funcional, cuyo uso depende de una serie de factores relacionados con la experiencia biológica y fenomenológica, es cuestionable la pretensión de llegar a resultados fructíferos en el estudio del lenguaje de una manera autónoma e independiente.

2.4. El papel clasificatorio de la cognición

En el apartado anterior se ha señalado que la existencia de las representaciones mentales como estructuras llenas de contenido fue adquiriendo una mayor relevancia dentro de los estudios cognitivos. Sin embargo, no existía una noción clara de la funcionalidad del contenido que se vertía en dichas representaciones mentales. Sería un error considerar que las representaciones mentales son algo propio o idiosincrásico de los seres humanos. Todas las especies animales tienen la capacidad y habilidad de formar imágenes mentales dentro de sus cerebros. Según algunos teóricos evolucionistas y ecologistas, la función de dichas representaciones mentales es informar al animal de lo que le rodea y están regidas y guiadas por sus instintos. Sin embargo, la construcción o la interpretación del mundo en función de los datos perceptuales está basada en una clasificación u ordenación de dicha realidad en una escala de algún tipo. Por lo tanto, se puede concluir que dentro de la cognición juega un papel fundamental la clasificación, la ordenación de objetos o entidades dentro de una determinada manera, en definitiva, la categorización. Dicha categorización es básica en la cognición y determina la conducta y el comportamiento de cualquier animal. Incluso la interacción entre los miembros componentes de un mismo grupo dentro de una especie depende de este sistema de categorización y/o de clasificación. La interacción entre diferentes entes ha sido denominada lenguaje. Los intentos de comparar los distintos tipos de lenguajes naturales en ejemplares de distintas especies han surgido dentro de la disciplina de la psicolingüística o dentro de la lingüística ecológica o evolutiva. En el reino animal se pueden apreciar distintos grados de complejidad de lenguajes o sistemas de comunicación entre miembros de la misma especie. En todos los casos, estos lenguajes tienen una función claramente instintiva, principalmente la alimentación y la reproducción. El grado de complejidad disponible se basa en unas cuantas variables. Todos ellos son sistemas simbólicos de uno u otro tipo que propician, a través de signos materiales, perceptibles, la creación de representaciones mentales en el cerebro de cada ente que lo interpreta en función del conocimiento y experiencia que ha adquirido y del conocimiento genético que tiene. La representación mental es algo independiente del signo emitido por el otro interactante. De esta manera, cuando las abejas pueden localizar un vivero de miel a través de las indicaciones dadas por otra de su especie, la consecución y el éxito de su interacción se basa en el compartir, en la comunión de un mismo sistema que propicia la creación de una representación mental básica para su alimentación. Las analogías entre los lenguajes naturales distintos del ser humano han sido tratadas desde distintos puntos de vista. Dentro de la literatura sobre este tema, nos podemos encontrar la postura de aquellos que consideran el lenguaje como uno más dentro de los disponibles y analizables en el reino animal, eso sí, con un grado inmensamente mayor de complejidad debido a la complejidad misma del sistema neuronal del ser humano; y un segundo grupo de teorías que consideran errónea la consideración de una perspectiva lineal, evolutiva y de progresiva complejidad neuronal. Para este último grupo, el lenguaje humano supone un caso aislado dentro del reino animal y es debido a un cambio en la estructura genética provocado aún no se sabe cuándo, ni por qué, y que no solo ha dado como resultado la aparición del lenguaje, sino también la creación artística o la manipulación de objetos, entre otras manifestaciones. Estas habilidades requieren unos procesos neuronales tan complejos que no es posible encontrar, o aún no ha sido posible hacerlo, ningún correlato, ni siquiera ancestral, del sistema cognitivo o mental del ser humano. Desde nuestra perspectiva como lingüistas no disponemos de los datos necesarios para analizar dichas cuestiones. Sin embargo, es un ejemplo más de cómo la interdisciplinariedad puede aportar un gran número de factores básicos para el entendimiento del sistema mental humano y sus diferentes manifestaciones, una de las cuales es el lenguaje. Algo que sí es constatable desde la teoría lingüística y que se puede recoger de estos estudios, y que el ser humano, por su parte animal, comparte con el resto de animales, es la necesidad de utilizar unos signos materiales perceptibles y a la vez un sistema de conocimiento compartido basado en la asociación entre las representaciones mentales y las representaciones materiales que conforman dicho sistema comunicativo. Ciertamente, no se debería caer en el error de considerar que la comunicación entre seres humanos solo es posible a través del lenguaje articulado o su variante escrita. El objetivo del lenguaje articulado es crear una serie de representaciones mentales en el cerebro del ser humano con una gama distinta de funciones. Estas funciones no son únicamente realizables a través del lenguaje. De ahí que el lenguaje articulado sea un medio de comunicación, pero no el único viable y disponible entre los seres humanos. Un ejemplo lo encontramos en el tipo de situaciones en las que el acto comunicativo ha resultado exitoso sin la comprensión de los signos materiales emitidos por el emisor, simplemente por el conocimiento de la situación en la que tanto el emisor como el receptor se encuentran. Tanto el conocimiento como el caudal experiencial compartido se suman al conocimiento lingüístico recibido como herencia extracelular del ser humano. Estos tres elementos conjuntamente posibilitan la interpretación del mundo y de los semejantes de la especie, incluso del mismo sujeto. Una diferencia fundamental entre los seres humanos y el resto de animales es la capacidad de adquirir este tipo de conocimiento extracelular, hecho que posibilita la evolución del conocimiento, mientras que en los demás animales dicha herencia es únicamente genética, lo que restringe cualquier tipo de evolución del comportamiento o la conducta. Por lo tanto, hay que caer en la cuenta de que el ser humano es un animal con la capacidad de *descorporeizarse* de sus representaciones mentales y trasmitirlas a sus semejantes. Esto es posible gracias al lenguaje; es decir, el ser humano se desprende de sus representaciones mentales gracias al lenguaje. Por lo tanto, el lenguaje actúa de cauce simbólico de las representaciones mentales, pero no es la traslación total; es la traducción, no el calco. Este conocimiento se vierte en el comportamiento de cada uno de los sujetos tanto en su faceta individual como en su pertenencia a una colectividad.

2.5. Los límites neurofisiológicos del ser humano

La ruptura de la dicotomía epistemológica de mente y cuerpo llevó a una concepción material de la mente, propugnada por Fodor (1975) y utilizada como herramienta de trabajo en el resto de disciplinas cognitivistas. En nuestro estudio se considera que la *incorporeización* de la mente es doble. Por un lado, los procesos de significación en la lengua están basados en la existencia de unas estructuras pre-conceptuales básicas enraizadas en nuestra experiencia corporal directa. Por otro lado, tales procesos de significación o creación de representaciones mentales están regidos por complejos procesos neuronales. De ahí que la materialidad de la mente sea doble: en términos de estructuración y en términos del soporte físico y material.

3. LA NATURALEZA DEL LENGUAJE EN EL PARADIGMA COGNITIVISTA

En el ámbito de la lingüística, el adjetivo *cognitivo* ha estado asociado a una corriente de análisis y estudios basados en una nueva consideración de la relación entre el lenguaje y la cognición. Dicha corriente encontró su centro de germinación y difusión principalmente en Estados Unidos de la mano de Ronald Langacker (1982, 1987) y George Lakoff (1982, 1987).

Siguiendo las palabras de Gardner con relación a la ciencia cognitiva en general, una posibilidad de caracterizar esta nueva corriente dentro del mapa de la teoría lingüística es calificarla como la consecuencia ineludible del progreso del conocimiento del sujeto cognoscitivo concebido biológica y fenomenológicamente. Al igual que el cognitivismo en general supone un cambio, una ruptura con el paradigma científico precedente, la lingüística cognitiva marca una nueva era dentro de los estudios lingüísticos. La diferencia con otras teorías no es únicamente de corrección o extensión, como ha sido tradicional en la evolución de los estudios y las teorías lingüísticas, sino de concepción, ya que supone y representa un cambio de las bases mismas de la naturaleza del ser humano y del lenguaje. Sin embargo, la lingüística cognitiva no representa un islote dentro de la historiografía lingüística, sino que recoge todo el avance llevado a cabo en la descripción lingüística a través de distintos modelos teóricos.

La principal novedad de la lingüística cognitiva es la ampliación de horizontes e intereses del análisis lingüístico. Del *qué* se pasa al *porqué*. El nuevo papel reconocido del sujeto cognoscitivo e interpretativo destrona al sujeto pasivo, mero receptor de información. Este cambio de perspectiva en la consideración del objeto de estudio de la ciencia cognitiva repercute en la naturaleza de los estudios lingüísticos, que pasan de ser descriptivos a ser igualmente interpretativos e indagadores del porqué. De esta manera, se abren nuevos horizontes para el estudio y el análisis del lenguaje y cada una de sus manifestaciones. El cambio de perspectiva que representa la lingüística cognitiva no es únicamente teórico y metodológico, sino también epistemológico, ya que supone la adopción de las premisas conceptuales que acabamos de desgranar. Dicho cambio radica en una nueva concepción de la naturaleza del ser humano, de la mente y del lenguaje como objetos de estudio todos ellos conducentes a un mismo fin que no es otro que el expuesto por Sócrates en el diálogo platónico *Menón*.

Desde esta perspectiva, la lingüística cognitiva surge con el objetivo principal de arrojar luz acerca del fenómeno complejo de la cognición humana. Por lo tanto, la lingüística se aleja de una concepción mecanicista del lenguaje, propia de la era estructuralista y generativista, y apunta hacia una consideración del mismo más acorde con el resto de los sistemas biológicos. El lenguaje es analizado como una parte integral de la cognición humana. Es así como el objeto de estudio del nuevo paradigma científico coincide con los intereses de cada una de las disciplinas que se han considerado e identificado generalmente como cognitivas. Se puede decir que el objeto final es el análisis de la mente humana y de la esencia del ser humano. Una de las posibilidades de llevar a cabo este objetivo es a través del estudio de una de sus manifestaciones, el lenguaje.

Dentro de la consideración biológica y fenomenológica del ser humano, el lenguaje representa una de las posibles vías de investigación de los procesos mentales propios de nuestra especie. El lenguaje deja de ser considerado de una manera autónoma y se comienzan a tener en cuenta evidencias obtenidas en otras disciplinas, como la psicología, la neurociencia o la antropología.

En la historia reciente de la lingüística, las distintas corrientes y escuelas han basado sus hipótesis en una determinada concepción o consideración de la naturaleza esencial del lenguaje. La naturaleza del lenguaje determina la razón de ser de los estudios lingüísticos. De esta manera, los límites del lenguaje demarcarán igualmente los límites de la lingüística y su variedad de intereses. La revisión de las distintas consideraciones que durante las últimas décadas han caracterizado el mapa teórico lingüístico está más allá del propósito de estas páginas.

De forma singular, el paradigma cognitivo aglutina en diferentes aspectos los rasgos de los paradigmas anteriores, fundamentalmente el estructuralista y el funcionalista, y los integra en una perspectiva más amplia, donde el lenguaje forma parte de una experiencia más compleja y cuyas características están en una estrecha interrelación de reciprocidad con el mismo. Desde este punto de vista, el lenguaje se define como «un sistema de comunicación basado en un conocimiento convencionalizado».

Las tres palabras claves que determinarán nuestro análisis son: *sistema, comunicación y conocimiento*. Las dos primeras nociones claves se han estudiado fundamentalmente en los dos paradigmas anteriores. La novedad introducida por el paradigma cognitivo es la toma en consideración de la faceta cognoscitiva del lenguaje. El lenguaje se concibe como una parte integral de la cognición humana. En este sentido, se puede tomar el lenguaje como una estructura de conocimiento, donde se recoge el conocimiento lingüístico de un hablante. De esta manera, el lenguaje se convierte en una forma de conocer la realidad, de entenderla e interpretarla. El factor comunitario de este conocimiento lingüístico hace posible la comunicación. Dado que partimos de una consideración del lenguaje como estructura de conocimiento, serán relevantes para nuestro estudio, como lo han sido en la breve historia de la lingüística cognitiva, todos aquellos aspectos que conforman el sistema cognoscitivo del ser humano: psico-fisiológicos, neuro-fisiológicos y antropológicos. De esta forma, el estudio del fenómeno lingüístico adopta una perspectiva bilateral. Por un lado, este tipo de análisis nos sirve para entender cómo funciona el lenguaje, y por otro lado, nos ilumina acerca de los procesos mentales que tienen lugar en nuestro cerebro y que condicionan la creación y el desarrollo de todos esos procesos y estadios que en un soporte neuronal dan forma y modelan nuestra mente.

Esta es la razón por la que los hallazgos de la psicología cognitiva pueden ser aplicados con total éxito al estudio de los fenómenos lingüísticos. En palabras de Langacker (1987, p. 12), «language starts to look much more natural and learnable in terms of what we know about other facets of human cognitive ability». De esta manera, el lenguaje y las capacidades cognitivas del ser humano forman un complejo interconexo dentro de la ciencia cognitiva cuyos resultados pueden ser reveladores acerca de la cognición humana.

Cada fenómeno lingüístico está constituido por un proceso simbólico. En cada signo o expresión lingüísticos se asocia una representación fonológica con una representación mental. Para Langacker, dicho carácter simbólico se extiende a todos los niveles del análisis lingüístico, desde la morfología hasta la sintaxis. Todas estas unidades son estructuras simbólicas. En este sentido, Saussure introdujo el concepto de la arbitrariedad del signo lingüístico. En nuestra opinión, como en la de Langacker (1988, p. 12) el carácter arbitrario del signo lingüístico en su totalidad es altamente sospechoso y «está limitado en gran medida a morfemas individuales».

El tercer aspecto que destacamos en la definición del hecho lingüístico es su naturaleza comunicativa, esto es, funcional. Dicha funcionalidad es una consecuencia de la naturaleza simbólica del lenguaje y la responsable de la centralidad y la importancia que una teoría del significado lingüístico tiene a la hora de analizar el lenguaje. El lenguaje se convierte en una estructura comunicativa desde el momento en que una representación fonológica se convierte en estructura simbólica a través de su conexión con una representación mental. Por lo tanto, la representación mental, a pesar de ser un acto fenomenológico e individualizador, se basa en un conocimiento compartido por aquellos miembros de una misma comunidad lingüística. Es el carácter comunitario de dichas estructuras simbólicas lo que posibilita la comunicación lingüística, que no la comunicación.

Una vez que se han establecido las particularidades que el marco epistemológico del cognitivismo incorpora a la consideración del lenguaje como componente básico de nuestro sistema cognitivo, estamos en disposición de analizar la naturaleza psicolingüística del proceso de adquisición de una L2.

4. NATURALEZA PSICOLINGÜÍSTICA DEL PROCESO COGNITIVO DE ASL

La definición precisa de la naturaleza psicolingüística del proceso cognitivo que conduce a la adquisición efectiva de una L2 constituye el segundo elemento de toda aproximación metodológica a la adquisición y enseñanza de lenguas extranjeras. Según los requerimientos establecidos por Richards y Rodgers (2001), cualquier metodología destinada a esclarecer y mejorar el proceso de adquisición / enseñanza de segundas lenguas debe constar de tres elementos:

a) una teoría,
b) un enfoque o aproximación, y
c) unos procedimientos,

Tal como puede apreciarse en la siguiente ilustración:

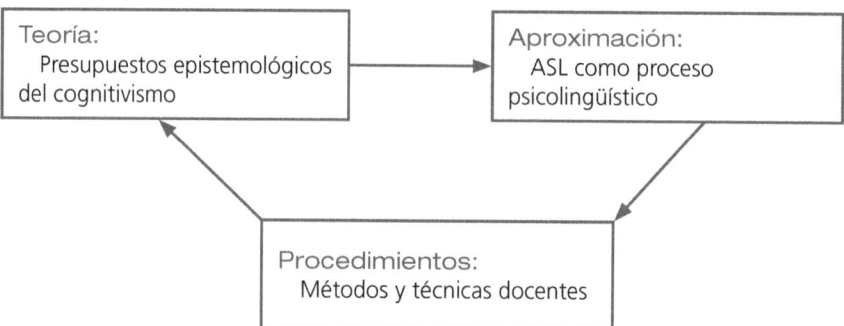

Por lo tanto, la aplicación del paradigma cognitivista a la investigación sobre la adquisición de lenguas extranjeras consiste en el desarrollo de una aproximación psicolingüística. Esta disciplina, surgida a mediados de los años cincuenta, nos proporciona las claves para entender y conocer los procesos por medio de los cuales usamos y adquirimos el lenguaje. A pesar de que a lo largo de las últimas décadas la psicolingüística ha permitido alcanzar un mayor entendimiento de los procesos de producción, comprensión y adquisición del lenguaje, han sido escasos los intentos de aplicar la metodología psicolingüística a la enseñanza de segundas lenguas y lenguas extranjeras.

A partir de la evidencia proporcionada por la psicolingüística en los últimos cuarenta años y por la lingüística cognitiva en las dos últimas décadas, la adquisición de la L1 se entiende como el resultado de un proceso instintivo que define y dota al ser humano de su propia especificidad[1] tanto como individuo como integrante de una especie biológica diferente del resto de especies del reino animal. La materialización de este instinto está motivada genéticamente y cuenta con un período denominado *crítico*[2] que finaliza alrededor de la edad de seis años. Durante este período el cerebro dispone de la ductilidad y poten-

---

[1] Cf. Pinker (1994, 2002 y 2007).

[2] La hipótesis del período crítico de adquisición del lenguaje fue propugnada por Lenneberg (1967).

cialidad suficientes en términos neurofisiológicos para activar el dispositivo de adquisición de lenguas y adecuarlo a las peculiaridades y parámetros propios del sistema lingüístico que será a la postre la *lengua materna* y *primera lengua* del individuo. Una vez que concluye este período crítico, el cerebro ha satisfecho una demanda biológicamente determinada y que singulariza a nuestra especie[3]. Una vez concluido el señalado período crítico, el cerebro pierde las potencialidades neurofisiológicas anteriormente aludidas que favorecieron la implementación de la conducta lingüística en el marco de un desarrollo natural y biológico. Durante dicho período, el ser humano experimenta un proceso psicolingüístico complejo que le permite adquirir una habilidad cognitiva singular vinculada a su desarrollo neuro-fisiológico y psico-cognitivo. Este proceso psicolingüístico de adquisición de la L1 consta de las siguientes fases o subprocesos:

a) Especialización fonetológica
(*componente fonológico*).
b) Adquisición del vocabulario
(*componente léxico*).
c) Usos sociales del lenguaje
(*componente pragmático*).
d) Reglas de combinación de categorías lingüísticas
(*componente morfo-sintáctico*).

No obstante, la finalización del período crítico de adquisición del lenguaje no supone la imposibilidad de adquirir otras lenguas, además de la materna. Tal como señalaba Cook (*ibíd.*), la multicompetencia lingüística es un fenómeno recurrente y en determinados contextos socioculturales normal. Ahora bien, el reconocimiento de esta realidad no debe conducirnos a trazar una analogía entre el proceso de adquisición de la L1 y los procesos ulteriores de adquisición de la L2. En términos cognitivistas, tal como se ha señalado en la introducción de este trabajo, el aprendizaje de una lengua extranjera es similar al proceso de adquisición y aprendizaje de cualquier otra destreza cognitiva, de manera que estará regido por los principios y estrategias que participan en el aprendizaje de otras tantas destrezas adquiridas por el individuo a lo largo de su vida. En este sentido, la adquisición de segundas lenguas en términos psicolingüísticos se basa en un modelo global de aprendizaje de habilidades cognitivas, que se aplicó a partir de mediados de los años ochenta a cuestiones y aspectos concretos del aprendizaje. Este modelo recoge los presupuestos epistemo-

---
[3] Véase Damasio (2010).

lógicos señalados en el punto 2 de este trabajo y se pueden sintetizar en la siguiente tabla:

Perspectiva teórica: *Cognitivismo*	Enfoque/aproximación: *Psicolingüística*
El lenguaje está basado en conocimiento.	La adquisición de una segunda lengua es un proceso psicolingüístico cuya finalidad es la adquisición del conocimiento procedimental que permita un uso fluido y espontáneo de la L2 en un acto de comunicación lingüística.
La gestión del conocimiento está basada en las siguientes premisas: • Fin de la dicotomía mente/cuerpo. • Papel activo del sujeto en la cognición. • Límites neurofisiológicos del aprendiz. • Papel funcional de la cognición.	El proceso psicolingüístico se desarrolla en función de las siguientes premisas; • Es un proceso individual. • Es un proceso finalista. • Es un proceso cognitivo de adquisición de una destreza a partir de un conocimiento previo (lingüístico y no lingüístico). • Está determinado por las peculiaridades psicocognitivas y neurofisiológicas del individuo. • El individuo construye el nuevo conocimiento de forma activa.
• El órgano de la cognición es el cerebro responsable del procesamiento y fijación del conocimiento requerido para el desarrollo de una destreza cognitiva.	Los elementos que intervienen en la fijación del conocimiento en el cerebro son: • El sujeto con sus potenciales cognitivos (estrategias, estilos de aprendizaje, etc.). • El instructor con su potencial facilitador. • Los procedimientos con su potencial. • El contexto escolar y familiar con su potencial dinamizador y motivador.

La premisa básica de esta aproximación consiste en la descripción del proceso de adquisición de cualquier destreza cognitiva mediante el aprendizaje de un determinado conocimiento. El conocimiento que se almacena en la memoria es de dos tipos:

a) *Declarativo* (lo que sabemos sobre las cosas).
b) *Procedimental*[4] (cómo sabemos hacer algo).

A partir de esta premisa fundamental, el proceso psicolingüístico de adquisición de una L2 se concibe como la transformación del conocimiento declarativo en procedimental a través de un devenir interlingüe que le permitirá al aprendiz avanzar hacia la competencia autónoma en la lengua-meta inmerso en un contexto de factores internos y externos que determinarán el nivel de avance, aunque nunca la secuencia, a lo largo de las diferentes etapas de las que constará el mencionado proceso. Por lo tanto, esta aproximación al proceso de ASL concibe la interiorización del conocimiento declarativo relacionado con una habilidad antes de la ejecución automática y competente de la misma[5]. Al tratarse de un fenómeno artificial y consciente, el individuo hará uso del papel activo que tiene en cualquier proceso cognitivo a través del aprovechamiento de las estrategias[6] de aprendizaje de las que dispone. El aprovechamiento apropiado de las estrategias metacognitivas, cognitivas y socioafectivas por parte de los aprendices en el proceso psicolingüístico de ASL es una de las evidencias motivadas por el carácter cognitivo y psicolingüístico de este proceso que requerirá un tratamiento específico a la hora de desarrollar los procedimientos más adecuados. La implementación metodológica de estos corolarios epistemológicos se hará atendiendo a las tres etapas de las que consta todo proceso cognitivo de aprendizaje:

a) *Etapa cognitiva*:
- Papel destacado de la instrucción explícita.
- Papel destacado del profesor como facilitador de información.
- Relevancia de las estrategias cognitivas del aprendiz.
- El conocimiento adquirido es principalmente declarativo y verbalizable por parte del aprendiz.
- La competencia comunicativa es muy poco fluida.

b) *Etapa asociativa*:
- Tratamiento específico de los errores como reflejo del avance interlingüe.
- Fortalecimiento entre los componentes y elementos de una determinada destreza.

---

[4] Véase Anderson (1983).

[5] Este sistema de aprendizaje fue denominado *knowledge compilation* por parte de E. Gagné (1985).

[6] Véase Chamot y O'Malley (1996).

- Procedimentalización progresiva del conocimiento declarativo, aunque con errores frecuentes.
c) *Etapa autónoma:*
- Automatización de la destreza.
- Desaparición progresiva de los errores
- La actuación es menos consciente y explícita.
- La competencia es altamente fluida y autónoma.

De esta forma, tal como acabamos de exponer, la adopción de los presupuestos cognitivistas permite aportarle la esencia cualitativa a la definición psicolingüística de la adquisición de una lengua extranjera. Sin embargo, al tratarse de un proceso psicolingüístico de adquisición y aprendizaje de una destreza cognitiva se asume la necesidad de abordar el tratamiento de los procedimientos que se usarán en la enseñanza de una lengua extranjera con un enfoque multi e interdisciplinar, tal como se señala en la siguiente ilustración:

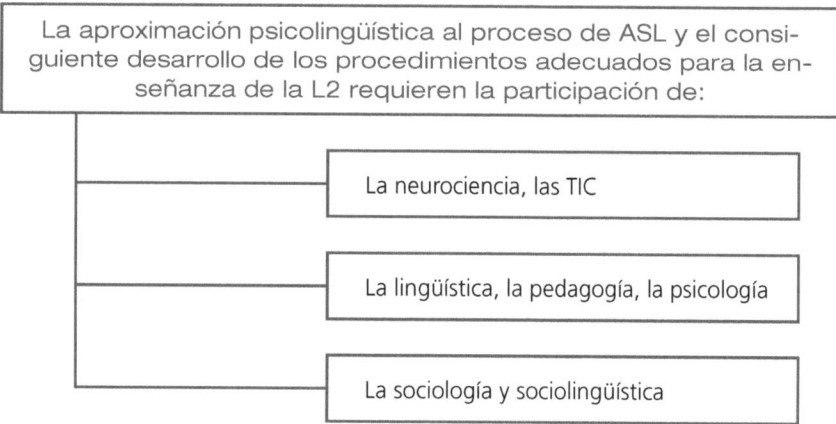

5. PROPUESTA METODOLÓGICA CONCRETA EN EL ÁMBITO DE LA ENSEÑANZA DE LENGUAS EXTRANJERAS A ADULTOS

A continuación, se presenta un resultado tangible de la aplicación del proceso metodológico señalado por Richards y Rodgers (*ibíd.*) mediante los resultados obtenidos por el método *BRaIN*[7], en el marco del cual se ha desarrollado una investigación aplicada gracias a la que ha generado una serie de procedimientos (técnicas y materiales docentes) orientados fundamentalmente al ámbito de la enseñanza instrumental de inglés a adultos[8].

5.1. Estructura del material

El presente material ha sido diseñado y estructurado de manera que el aprendiz pueda llegar a alcanzar las destrezas y competencias lingüísticas previstas y establecidas en los niveles A1, A2 y B1 del *Marco Común Europeo de Referencias para las Lenguas*[9]. Para alcanzar los objetivos previstos en los niveles competenciales señalados correspondientes a la lengua inglesa, el material se ha estructurado a partir de los presupuestos teóricos y metodológicos explicitados anteriormente. Por esta razón, nos encontramos con tres módulos que se corresponden con las tres etapas o fases de las que consta todo proceso de aprendizaje y adquisición de una destreza cognitiva compleja:

a) **Módulo cognitivo**: destinado a la presentación de los contenidos lingüísticos (léxico, fonetológico, semántico, morfológico y sintáctico) objeto de aprendizaje de forma explícita trazando de forma permanente la equivalencia el español como *lengua origen* y la lengua inglesa como *lengua-meta*.

---

[7] Véase Fernández y Leganés (2012) y Leganés (2013).

[8] La edición *Inglés Instrumental para Adultos* es el resultado de la investigación que el grupo de investigación *Lingüística Cognitiva y Funcional: Teoría y Aplicaciones* (Grupo PAI HUM-693) ha venido desarrollando en los últimos años. Una de las líneas de trabajo del mencionado grupo ha sido el análisis del proceso de adquisición y enseñanza de lenguas extranjeras desde el prisma teórico y epistemológico que ofrece la ciencia cognitiva. Como resultado de este trabajo de investigación se han realizado importantes avances en la comprensión y entendimiento de aspectos concretos como el papel de la primera lengua y la traducción en el proceso de aprendizaje de lenguas extranjeras o en las peculiaridades que presentan ciertos grupos de aprendices a la hora de aprender una lengua extranjera. Los grupos de aprendices que han recibido la atención de nuestra investigación han sido los aprendices con deficiencias visuales y auditivas, por un lado, y los niños de cero a cinco años y los adultos, por otro lado.

[9] El documento original fue editado por el Consejo de Europa en 2001 bajo el título *Common European Framework for Languages: Learning, Teaching and Assessment*. La traducción española fue llevada a cabo en 2002 por el Ministerio de Educación, Cultura y Deporte del Gobierno de España.

b) **Módulo asociativo**: incluye una propuesta de ejercicios de práctica controlada por medio de los cuales el aprendiz establezca la asociación entre los contenidos lingüísticos vistos de forma explícita y las funciones lingüísticas que pueden conseguirse con los mismos.
c) **Módulo autónomo**: engloba una propuesta de ejercicios de práctica libre mediante los cuales el aprendiz puede profundizar en la transformación del conocimiento declarativo y explícito en conocimiento procedimental e implícito.

Las dos primeras fases se han organizado en quince unidades didácticas articuladas alrededor de tópicos relacionados con las diferentes funciones y destrezas lingüísticas que los aprendices deben desarrollar. En cuanto a la tercera fase, el material incluye una batería de apéndices y anexos a partir de los cuales se puede acceder a la práctica y el *input* necesario para alcanzar el nivel esperado tanto en el uso escrito como oral de la lengua inglesa. Este material educativo está diseñado como herramienta de aprendizaje en el marco de un proceso formal de enseñanza de lenguas extranjeras. Mediante los contenidos, actividades y apéndices incluidos en el mismo, y a partir de la instrucción proporcionada por el profesorado, el aprendiz está en disposición de poner en práctica tanto de forma guiada como de forma autónoma las estrategias metacognitivas, cognitivas y socioafectivas que finalmente le conducirán al uso de las destrezas lingüísticas en inglés deseadas.

6. CONCLUSIÓN

El desarrollo de los procedimientos adecuados para la mejora constante de la enseñanza de las segundas lenguas en general, y de las lenguas extranjeras, de forma particular, requiere un tratamiento metodológico basado en la adopción de unas premisas teóricas coherentes que fundamenten la aproximación al proceso complejo que nos ocupa. En el caso de esta contribución, se han vinculado los presupuestos epistemológicos de la ciencia cognitiva con las líneas de aproximación a la ASL como proceso psicolingüístico. De forma concreta, se han esbozado los resultados que esta investigación ha generado a través del método *BRaIN* y su aplicación a la enseñanza del inglés para adultos. En esa misma línea, deben destacarse los avances que dicha investigación está generando en el ámbito de la enseñanza de L2 a alumnos con necesidades educativas específicas. Tanto en estos casos específicos como en los contextos académicos más formales y estandarizados, la aproximación psicolingüística, imbuida por el rasgo definidor de *cruce de caminos (crossroads)* señalado anteriormente, requiere la participación de una serie de disciplinas cuya aportación individual es en sí misma insuficiente para la comprensión holística del proceso de ASL, y que, por el contrario, en el marco interdisciplinar aquí apuntado aportan la evidencia necesaria para el desarrollo creciente de los procedimientos adecuados para la enseñanza de una L2.

7. PROPUESTAS DIDÁCTICAS

a) Planificación a medio plazo del uso de los procedimientos metodológicos en torno a tres bloques de actividades:
1. *Presentación*: se corresponde con la fase cognitiva presente en todo proceso de aprendizaje. El nuevo conocimiento declarativo se presenta de manera explícita para que pueda ser asimilada de forma consciente por parte del alumno.
2. *Práctica guiada*: se corresponde con la fase asociativa en el proceso de aprendizaje. Las asociaciones entre el conocimiento declarativo y procedimental se afianzan mediante ejercicios mecánicos y repetitivos en el marco de una práctica controlada y monitorizada por parte del profesor y otros medios.
3. *Práctica libre*: se corresponde con la fase autónoma del aprendizaje. Requiere exposición y práctica creativa y espontánea, que será la base para la generación de las destrezas lingüísticas procedimentales.

b) Uso de los subtítulos como fuente de exposición a la L2 en función de los siguientes aspectos:
1. La selección del *input* como instrumento metodológicamente tratado conducente al avance en el proceso de aprendizaje de una L2 debe regirse por el siguiente principio:
$$I = \mathcal{E} > \varnothing$$
I por input; $\mathcal{E}$ por input comprensible; $\varnothing$ por input no comprensible, ruido.
2. El contenido lingüístico y las destrezas implicadas deben realizarse de acuerdo con el siguiente principio:
$$l_x = l_{i+1}$$
l_i *por los contenidos y destrezas correspondientes a una determinada etapa de la interlengua*
3. En función de los dos principios anteriores, el uso de los subtítulos se realizará según los siguientes parámetros:
   - Etapa de iniciación (A1-A2): *subtítulos en L1*.
   - Etapa de usuario independiente (B1-B2): *subtítulos en L2*.
   - Etapa de usuario avanzado (C1): *sin subtítulos*.

8. TEMAS PARA LA REFLEXIÓN

a) La necesidad de un enfoque metodológico sistemático en el ámbito de la adquisición y enseñanza de segundas lenguas.

> *Un rasgo singular de la aplicación del paradigma cognitivista a la investigación sobre la adquisición de lenguas extranjeras consiste en la adopción de la metodología propia de la psicolingüística. Esta disciplina, surgida a mediados de los años cincuenta, nos proporciona las claves para entender y conocer los procesos por medio de los cuales usamos y adquirimos el lenguaje. A pesar de que a lo largo de las últimas décadas la psicolingüística ha permitido alcanzar un mayor entendimiento de los procesos de producción, comprensión y adquisición del lenguaje, han sido escasos los intentos de aplicar la metodología psicolingüística a la enseñanza de segundas lenguas y lenguas extranjeras. De ahí que una de las principales novedades de nuestra investigación consiste en la aplicación de la metodología psicolingüística a la enseñanza alternativa de lenguas extranjeras en el marco de una concepción cognitivista del lenguaje.*

El presente texto aparece incorporado en el prólogo de la serie *Inglés Instrumental para Adultos* elaborado por Fernández y Torralbo (2011, 2012 y 2013). Esta serie representa una apuesta de desarrollo de los procedimientos pedagógicos emanados de una concepción cognitivista del proceso de adquisición de las segundas lenguas a través de una aproximación psicolingüística. Esta contribución subraya la necesidad de la sistematicidad metodológica en la generación de propuestas docentes que requieren un posicionamiento teórico coherente, una aproximación ordenada y secuencial, y unos procedimientos factibles. Por ello, se plantean como temas para la reflexión las siguientes cuestiones:

1. ¿En qué medida los profesores de lenguas son conscientes de la formación metodológica que incorpore la complementariedad de estos tres componentes?
2. ¿Hasta qué punto existen mecanismos externos de validación metodológica de los procedimientos (materiales y técnicas) usados en el aula de idiomas?

b) La psicolingüística como disciplina generadora de nuevas metodologías aplicadas a la enseñanza de segundas lenguas y lenguas extranjeras.

> *Biología y computación son las lentes con las que la psicolingüística observa el lenguaje y a través de él su verdadero objeto de estudio: la mente/cerebro, un sistema biológico único del que emergen las propiedades fisiológicas y mentales que propician el habla. Este marco científico nos muestra una propiedad del estudio actual del lenguaje: el carácter interdisciplinario de la investigación lingüística. Ciertamente, el estudio del lenguaje implica varias disciplinas, entre ellas, la lingüística, la psicología, las neurociencias y la inteligencia artificial.*

Este extracto corresponde a la publicación *El abc de la psicolingüística* de Anula Rebollo (1998, p. 10), en el que se acentúa el carácter interdisciplinar de la aproximación psicolingüística a los procesos de comprensión, producción y adquisición del lenguaje y de las lenguas. En el ámbito específico de la generación de metodologías destinadas a la enseñanza de segundas lenguas, se plantean como temas de reflexión las siguientes cuestiones relacionadas con esta disciplina:

1. ¿Sería conveniente una revisión profunda de los procesos formativos dirigidos a los futuros docentes con el fin de incluir esta perspectiva interdisciplinar?
2. ¿En qué medida la lingüística aplicada restringe las posibles respuestas que el proceso psicolingüístico de adquisición de segundas lenguas requiere dentro del paradigma cognitivista?

9. BIBLIOGRAFÍA BÁSICA COMENTADA

GARDNER, H. (1985): *The mind's new science. A history of the cognitive revolution.* New York: Basic Books.
La publicación de este volumen supone un hito en el devenir de la historiografía lingüística, ya que supone el inicio reconocido de las publicaciones insertadas en el marco epistemológico del cognitivismo. El adjetivo *cognitivo* adquiere un valor conceptual más abstracto al ser considerado como calificativo de un paradigma científico. Un número significativo de las preguntas que se habían ido generando desde los años sesenta en el ámbito de la psicología cognitiva, la lingüística, la antropología o la inteligencia artificial, entre otras disciplinas, no habían encontrado las respuestas adecuadas y coherentes con los problemas planteados. Es así como Gardner sienta las bases de una nueva ciencia, un nuevo paradigma, que se caracterizará por dar cabida a nuevos interrogantes y por tildar como pertinentes nuevas respuestas, todas ellas encaminadas a desentrañar la naturaleza del saber y del conocimiento.

Larsen-Freeman, D. y Long, M. (1994): *Introducción al estudio de la adquisición de segundas lenguas.* Versión española de Molina, I. y Benítez, P. Madrid: Gredos.
La década de los noventa asistió a la publicación de trabajos que recopilaron de forma *quasi*-enciclopédica la naturaleza del proceso de adquisición de segundas lenguas. Una revisión de los factores que intervienen en dicho proceso, los posicionamientos teóricos, el papel de las segundas lenguas y las metodologías de investigación en esta disciplina son algunos de los aspectos que los autores han vertido en esta publicación de referencia para la iniciación teórica en la investigación sobre el proceso de adquisición de segundas lenguas.

Selinker, L. (1972): «Interlanguage», *International Review of Applied Linguistics X*, pp. 209-30.
El impacto de una determinada investigación se percibe en ocasiones de manera diferida. Este es el caso de la relevancia del concepto de *interlengua*, acuñado a principios de los setenta y que tres décadas después representó uno de los pilares para el desarrollo de los diferentes niveles incluidos en el *Marco Común Europeo de Referencia para las Lenguas*. Anteriormente, influyó implícitamente en otros planteamientos e hipótesis, como la *ruta natural de adquisición*, propugnada por Stephen Krashen a principios de los años ochenta.

Pinker, S. (1994): *El instinto del lenguaje.* Madrid: Alianza.
La reformulación conceptual del cognitivismo acaecida a mediados de los ochenta encuentra una de sus manifestaciones más brillantes en la obra de Steven Pinker. La verbalización del lenguaje en términos biológicos se debe a esta publicación por medio de la cual los límites entre la psicolingüística y la lingüística aplicada al aprendizaje de lenguas se van diluyendo, al tiempo que la primera refuerza su posicionamiento teórico global propicio a generar las respuestas que la nueva ciencia cognitiva está propiciando en el mencionado campo de la adquisición de segundas lenguas.

CAPÍTULO 2

LAS TEORÍAS LINGÜÍSTICAS COMO FUNDAMENTO DE LOS ENFOQUES Y MÉTODOS EN LA ENSEÑANZA DE ELE

María Luisa Calero Vaquera
Universidad de Córdoba

1. ALGUNAS ACLARACIONES CONCEPTUALES Y TERMINOLÓGICAS PREVIAS: *ENFOQUE ~ MÉTODO ~ DISEÑO ~ PROCEDIMIENTO*

Dado que en el encabezamiento de este capítulo aparecen los términos *enfoques* y *métodos* (que no pocas veces se utilizan como sinónimos, empobreciendo así la precisión conceptual y terminológica de la didáctica de lenguas segundas), conviene comenzar aclarando qué se entiende aquí por ese par léxico y, de paso, se precisará el contenido de otros términos también muy utilizados en la fundamentación teórica de la disciplina.

Según el *Diccionario de términos clave de ELE*, del Centro Virtual Cervantes (en adelante *Diccionario* CVC), un *método* es un «conjunto de procedimientos, establecidos a partir de un enfoque, para determinar el programa de enseñanza, sus objetivos, sus contenidos, las técnicas de trabajo, los tipos de actividades, y los respectivos papeles y funciones de profesores, alumnos y materiales didácticos» (s.v. *método*). Uno de los patrones más seguidos para la descripción de los distintos métodos utilizados en la enseñanza de lenguas es el propuesto por J. C. Richards y T. S. Rodgers, modelo que, inspirado en los conceptos antecedentes de *approach*, *method* y *procedure* de E. Anthony (1963), se articula en torno a tres ejes: el *enfoque* (*approach*), el *diseño* (*design*) y los *procedimientos* (*procedure*). Richards y Rodgers (2003, p. 29) conciben el *enfoque* como la base teórica que entiende de una determinada manera «la naturaleza de la lengua y su aprendizaje, que son la fuente de las prácticas y de los principios sobre la enseñanza de idiomas». En tal base teórica es, por tanto, donde halla su razón de ser el método. Por su parte, en el eje del *diseño* es donde «se determinan los objetivos, el programa y los contenidos y donde se especifican los papeles de los profesores, de los alumnos y de los materiales de enseñanza» (ídem). La fase de aplicación y materialización del enfoque/diseño es el tercer eje, al que Richards y Rodgers denominan *procedimientos*, y donde se incluyen las técnicas concretas, las prácticas y los comportamientos de profesores y alumnos, es decir, las actividades de enseñanza que pueden ser observadas en el aula cuando se utiliza el método.

Sánchez Pérez (2009, pp. 19-20), ofrece una propuesta que, al menos en apariencia, guarda semejanza con la anterior, al concebir el método como «un todo coherente» formado por un triple eje: eje 1 (el *porqué*), el componente teórico o «conjunto de principios y creencias subyacentes»; eje 2 (el *qué*), el componente de los contenidos, «que fluyen de las creencias y principios anteriores y que se asientan en ellos»; eje 3 (el *cómo*), el componente de las actividades, «mediante las cuales el contenido seleccionado se lleva a la práctica». Si bien el propio autor considera más ventajoso este modelo al entender el eje 2 (el *qué* de la enseñanza, los objetivos) con un mayor grado de autonomía respecto de los otros dos ejes y, lo que supone mayor novedad, independiente del eje 3 (el *cómo*, los procedimientos en el aula o en los libros de texto).

Una vez aclarados los contenidos de estos términos, pasaremos a ver cómo la teoría lingüística dominante en cada momento histórico (especialmente las ideas sobre la naturaleza del lenguaje y las lenguas) ha propiciado o condicionado los métodos de enseñanza de segundas lenguas utilizados en la época correspondiente: «un cambio en la teoría lingüística origina otro cambio paralelo en la didáctica de lenguas», como ha señalado Sánchez Pérez (2009, p. 23). Y ello a pesar de que hay otras disciplinas tanto o más implicadas en la enseñanza-aprendizaje de lenguas como es la Psicología o la Pedagogía, pero —insiste Sánchez Pérez (2009, p. 101)— «ha sido la reflexión sobre la lengua el factor más decisivo en los cambios metodológicos». Esta innegable realidad epistemológica justifica la inserción del presente capítulo.

2. LA GRAMÁTICA TRADICIONAL COMO INSPIRADORA DE LOS MÉTODOS MÁS ANTIGUOS Y PERSISTENTES

2.1. Los más primitivos métodos de enseñanza de una lengua extranjera (en adelante LE)[1] han tenido como modelo los viejos procedimientos usados para aprender la lengua latina cuando esta dejó de ser la lengua vehicular

---

[1] Algunos especialistas distinguen entre enseñanza de LE («lengua extranjera») y L2 («lengua segunda»), entendiendo por LE la lengua que se aprende en un contexto institucional y en edad adulta, frente a la L2, lengua adquirida en edades más tempranas, con escasa diferencia del aprendizaje de la lengua materna, y en un contexto natural, como puede ser el caso de los niños que crecen en sociedades bilingües (v. Baralo 2011, pp. 22-23). Aquí utilizaré LE y L2 como términos sinónimos, dada la imposibilidad de saber con precisión las fronteras que limitan cada modalidad.

en el espacio académico y científico. Aquel patrón tradicional, como es el que está en la base del denominado Método Gramática-Traducción, ponía el foco de interés en el aprendizaje memorístico de las reglas gramaticales (las normativas, con escaso margen para atender a la variación) con el objetivo primordial de leer y entender a los autores clásicos, junto a una memorización de listas bilingües de palabras (*vocabularios*), a veces organizadas temáticamente. Es un método donde prima, por tanto, la lectura de los textos y la escritura, un sistema que presta escasa atención a los fenómenos de la lengua hablada, a la que considera de menor prestigio que la escrita. Esa gramática tradicional era, además, concebida como una articulación lógica y universal, es decir, común en sus principios a todas las lenguas existentes y por existir. Por tanto, se entendía que dominar la gramática de una LE equivalía a dominar esa lengua (en sus reglas y en sus usos). En este estudio teórico, sistemático y organizado de las formas *correctas* de una lengua adquieren especial protagonismo, como objeto de análisis, las palabras y las oraciones, presentadas categorizadamente (nombre, verbo, artículo..., oración simple, compleja, etc.). Tras el estudio de las reglas gramaticales el alumnado consolida lo aprendido con ejercicios prácticos de traducción, desde (traducción directa) o a (traducción inversa) la lengua objeto: es, pues, una enseñanza de tipo deductivo, que va de la teoría (explicación y comprensión de las reglas abstractas) a la práctica (la lengua en funcionamiento). El discurso didáctico en el aula suele materializarse en la lengua materna (en adelante LM) del estudiante[2], con escasa interacción comunicativa entre alumno y profesor, siendo este el principal protagonista en tal escenario.

El método ideado por Heinrich Gottfried Ollendorff (*método Ollendorff*) es tal vez el máximo exponente de este tipo de sistemas de enseñanza. Su primera exposición pública fue en París, en 1835 (*Nouvelle méthode pour apprendre à lire, à écrire et à parler une langue en six mois, appliquée à l'allemand*), y desde entonces hasta mediados del siglo XX ha seguido practicándose en las aulas y figurando en programas de enseñanza, especialmente en Europa y EE.UU. Su éxito radica, por un lado, en la insistencia en la parte más práctica de la enseñanza-aprendizaje de una LE gracias al proceso interactivo profesor-alumno explícito en sus páginas, lo que anuncia ya el método audio-oral (de corte estructuralista) que vendría después; y, por otro, en el principio de *progresión* (de lo más sencillo a lo más complejo) introducido por el autor alemán en sus lecciones, según Sánchez Pérez (2009, p. 41).

---

[2] En este capítulo, y dada la perspectiva voluntariamente adoptada, me detendré solo en especificar los principios lingüísticos que subyacen a cada método. Para los principios de otra naturaleza (psicolingüísticos, pedagógicos, sociolingüísticos, etc.) que rigen cada uno de estos métodos puede verse Sánchez Pérez (2009) en la sección correspondiente.

2.2. Entretanto, en ese largo período de más de un siglo de enseñanza basada en la gramática-traducción, se fundan la Lingüística como disciplina y la Fonética como subdisciplina científica, lo que acarreará un mayor interés por el habla, con razón considerada como manifestación primera de la lengua. No es casual la constitución en 1886 de la Asociación Fonética Internacional, una de cuyas prioridades fue la mejora de la enseñanza de lenguas segundas. En esta línea reformadora, autores como el inglés Henry Sweet, el alemán Wilhelm Viëtor o el francés Paul Passy trataron de modernizar el modo de enseñar una LE, partiendo de las nuevas premisas teóricas: a) frente a la lengua escrita, el foco se dirige ahora a la lengua oral, que podría ser analizada ya científicamente por los progresos de la fonética; b) en consecuencia, se insiste en los ejercicios de pronunciación, acento, entonación… para llegar a adquirir una corrección fonética aceptable; c) la conversación y la técnica de preguntas-respuestas (*interacción comunicativa*) se consideran claves en el proceso de enseñanza-aprendizaje; d) la enseñanza de las palabras y oraciones de la nueva lengua se realiza de forma contextualizada, a través de paradigmas en la lengua y en un entorno real, donde adquieren su sentido; e) aunque situadas en un segundo plano, las lecturas graduadas (de lo más sencillo a lo más complejo) se consideran útiles para ir fijando la nueva lengua, siempre procurando evitar la interferencia de la lengua escrita en el plano oral; f) la gramática se enseña ya con un método inductivo: solo a partir de la observación de los hechos lingüísticos (lo concreto) se extraerán las reglas gramaticales (lo abstracto), quedando estas reducidas a la mínima expresión; g) el vocabulario se enseña mediante la demostración y los gestos, o a través de objetos y dibujos, evitando las explicaciones en la lengua primera y rechazando, de paso, la traducción: con ello se persigue la asociación directa entre la palabra y su significado, sin que medie la lengua nativa; h) en el aula se utiliza, pues, de forma exclusiva la lengua objeto como lengua vehicular, como el mejor sistema para reforzar la práctica de la nueva lengua, a modo de *inmersión lingüística*; y j) se requiere ya la participación activa del alumnado.

Estos son los presupuestos de los genéricamente etiquetados como *métodos naturales* de aprendizaje de segundas lenguas, que tratan de imitar el proceso natural observado en los niños durante la adquisición de su LM, dando absoluta prioridad a la práctica de la conversación y recurriendo lo menos posible (al menos de partida) a la abstracción gramatical. De entre ellos, destaca el Método Directo, aplicado en EE.UU. y Europa, entre otros autores, por Maximilian Berlitz (*Método Berlitz, para la enseñanza de idiomas modernos. Parte española*, New York, 1890) con gran éxito comercial, aunque algunos lingüistas profesionales, como Henry Sweet, lo criticaron por su falta de base teórica en lingüística aplicada.

3. EL ESTRUCTURALISMO COMO BASE DE LA ENSEÑANZA DE SEGUNDAS LENGUAS

3.1. Si el mayor mérito del Método Directo fue haber cambiado la orientación del foco de interés desde la lengua escrita hacia la lengua hablada, el Enfoque Oral, surgido en Gran Bretaña y aplicado entre los años treinta a los sesenta del pasado siglo, no hizo sino validar y asentar este desplazamiento sobre la base de una rigurosa y sistemática planificación teórica. Suele señalarse a los lingüistas Harold E. Palmer y Albert Sidney Hornby como los fundadores de este nuevo enfoque de enseñanza de lenguas. Ambos hacen hincapié, por un lado, en la importancia del vocabulario en el proceso de aprendizaje de una lengua segunda: conocer el vocabulario (al menos el básico) de una LE suponía abrir las puertas al conocimiento y al dominio de esa lengua. Uno de los criterios manejados para la selección de ese vocabulario fue el de la frecuencia de aparición de las palabras en los textos, lo que dio lugar a la guía titulada *Interim report on vocabulary selection for the teaching of English as a foreign language* (London, 1936), editada por L. Faucett *et al.*, y en la que se hacía acopio de las palabras más adecuadas para la enseñanza del inglés como LE. Por otra parte, los mismos Palmer y Hornby clasificaron las estructuras oracionales más frecuentes y relevantes del inglés (las que denominaron «tablas de sustitución») y las utilizaron como herramientas para el aprendizaje de este idioma (por ejemplo, *A Guide to patterns and usage in English*, London, 1954, de A. S. Hornby).

3.2. Este doble proceso de *selección* léxica y gramatical, junto con los principios de *gradación* (secuenciación del contenido) y *presentación* (técnicas utilizadas en el aula), terminaría derivando en el método llamado Audio-Oral (en inglés, *audio-lingual method*), que comienza a utilizarse a mediados del siglo XX en Estados Unidos. Es este un nuevo planteamiento didáctico en cuya base están las doctrinas de corte estructuralista de los lingüistas estadounidenses Leonard Bloomfield (*An Outline Guide for the Practical Study of Foreign Languages*, Baltimore, 1942) y Bernard Bloch y George L. Trager (*Outline of Linguistic Analysis*, Baltimore, 1942), cuyas teorías sobre las lenguas surgieron como reacción a la gramática tradicional y su orientación especulativa y mentalista. Esas dos obras fueron utilizadas como guía en el *Army Specialized Training Program* (ASTP), un programa de enseñanza de lenguas extranjeras desarrollado por numerosas universidades norteamericanas y destinado al ejército de ese país. En efecto, la entrada de EE.UU. en la II Guerra Mundial hacía necesario el desarrollo de una planificación didáctico-lingüística de esta naturaleza, por la perentoria necesidad que los militares tenían de aprender la variada gama de lenguas habladas en los diferentes países en liza (alemán, japonés, etc. hasta un total de veintisiete lenguas). Charles Fries, también formado en la corriente estructuralista americana, tuvo un papel fundamental en la elaboración de los materiales que servirían para aplicar el método audio-oral.

Vemos, por tanto, que tras la confección (teórica y práctica) de este nuevo método de enseñanza están los nombres de los más afamados lingüistas de esa época y esa región de ultramar. Un método que, como era de esperar por su sólida base estructuralista y conductista, considera el aprendizaje de una segunda lengua como un proceso mecánico de adquisición (mediante la repetición y memorización) de estructuras, las de mayor ocurrencia en la lengua meta: como defendía años antes John B. Watson, fundador del conductismo en Psicología (1913), la personalidad del ser humano es producto de un sistema de hábitos adquiridos, sin que sea necesario presumir la intervención de ningún tipo de capacidad innata. Al proceso estímulo-respuesta (más los actos de refuerzo y asociación) se reducía, pues, desde este ángulo antimentalista, cualquier comportamiento humano, por muy complejo que este pudiera parecer. El también psicólogo B. F. Skinner, en su libro *Verbal behaviour* (New York, 1957), trasladó esa concepción genérica de la conducta humana a la facultad específica del lenguaje, con la consabida reacción posterior de Noam Chomsky.

Los principios lingüísticos y las técnicas del método audio-oral, expuestos de manera sistemática y ordenada por Robert Lado en *Language teaching. A scientific approach* (New York, 1964), se resumen en los siguientes puntos: a) una decidida preferencia por la lengua oral, frente a la escrita, pues, como sabían bien los lingüistas-antropólogos norteamericanos (Franz Boas, Edward Sapir, Benjamin L. Whorf, etc.), existen lenguas sin sistemas de escritura; b) de ahí deriva la importancia que este método concede a una correcta pronunciación; c) la apuesta por la enseñanza de la lengua realmente hablada y en uso (no la enseñanza teórica de sus reglas de formación, como prohíben los estatutos de la lingüística descriptiva); d) su concepción de la lengua como resultado de un conjunto de hábitos (lingüísticos) que se adquieren a base de repeticiones del léxico y, sobre todo, a base de repetir estructuras fonológicas, sintagmáticas y oracionales (*patterns*), donde el significado desempeña un papel subsidiario; e) el interés por la analogía, más que por el análisis: los ejercicios de repetición propician en el alumnado el desarrollo de analogías correctas; f) el contraste entre lenguas, como un modo útil de facilitar al aprendiz la fijación de las nuevas estructuras lingüísticas por una transferencia de hábitos de la LM a la LE pero también, a la vez, para intentar explicar y prevenir los errores cometidos por el estudiante a causa de la (supuesta) interferencia de su LM; g) la consideración del contexto lingüístico y cultural como un elemento no desdeñable en el aprendizaje de un idioma; h) el escaso recurso a la traducción, por las interferencias que la lengua materna puede producir en el aprendizaje; i) el protagonismo en el aula de los medios técnicos, que permiten la audición/

producción/reproducción/etc. de muestras lingüísticas, cuyo más codiciado exponente sigue siendo el laboratorio de idiomas.

Como muy acertadamente han sintetizado Richards y Rodgers (2003, p. 60), este método audio-oral es el resultado de «una combinación de la teoría lingüística estructural, el análisis contrastivo, los procedimientos audio-orales y la psicología conductista».

3.3. Según Sánchez Pérez (2009, p. 79), «el método situacional cobró forma y vida únicamente sobre la base de la metodología audio-oral, de base estructural»; es su opinión frente a otros autores como Richards y Rodgers (2003, cap. 3) que, a la inversa, ubican el Método Situacional en una etapa cronológica anterior al método audio-oral. Sea como fuere, lo que aquí nos interesa subrayar es que ambos métodos obedecen a principios lingüísticos (y pedagógicos) muy similares, como versiones que emanan de la misma corriente estructuralista, con su modo de proceder descriptivista y empirista. No obstante, el método situacional, que fue cultivado especialmente en Inglaterra a partir de los años sesenta del siglo XX, asignaba la preeminencia al concepto de *situación* (de ahí su nombre) antes que al de *formación de hábitos*, mostrando ciertas reticencias respecto a la mera repetición mecánica de los patrones lingüísticos. En efecto, en este método no se conciben las estructuras lingüísticas desligadas de la situación comunicativa en la que se producen, por lo que el contexto situacional se ve como un componente ineludible a la hora de aprender una lengua, así como para entender el significado cabal de sus expresiones. De ahí la frecuente utilización de dibujos, viñetas y otras estrategias gráficas y visuales (incluidas acciones y gestos), presentadas de manera aislada o en serie, que sirven para paliar la artificialidad de los fragmentos de habla, las estructuras, los diálogos, etc. que se emplean en el aula, acercándolos así a una realidad comunicativa concreta. Lingüistas británicos de la talla de John R. Firth y M. A. K. Halliday están en el origen de esa convicción teórica de la trascendencia del contexto y la situación para la comprensión global de los actos comunicativos.

La obra más representativa en Inglaterra del método situacional es *First things first: an integrated course for beginners* (London, 1967) de L. G. Alexander, que conoció una adaptación española, publicada en 1974: *Español en directo*, de A. Sánchez Pérez *et al*.

3.4. Una nueva versión de los métodos de enseñanza de lenguas derivados del estructuralismo, esta vez surgida en Francia a mediados del pasado siglo, es el Método Estructuroglobal-Audiovisual (SGAV), cuyos «fundamentos y principios didácticos siguen siendo en lo esencial los propios del método audio-oral», según Sánchez Pérez (2009, p. 87). En comparación con este método y otros del mismo cuño estructuralista, su propia denominación nos da pistas acerca de una de sus características prácticas más destacadas: a saber, el mayor recurso en el aula a los materiales visuales (dibujos, diapositivas, películas, etc.), actividad que, en definitiva, persigue la asociación directa entre las palabras de la segunda lengua y los conceptos/objetos a que se refieren, sin necesidad de recurrir a la mediación de la LM.

La France en direct (Paris, 1969) de Janine Capelle *et al.* y *Voix et images de France* (1962), producido por el Centre de Recherche en Linguistique Appliquée de la Universidad de Moncton (Canadá), son algunos de los manuales, los de mayor éxito, que recogieron las propuestas de este nuevo método.

4. LAS REPERCUSIONES (TANGENCIALES) DE LA LINGÜÍSTICA COGNITIVA EN LA ENSEÑANZA DE LENGUAS

Ya hemos visto en §3.2 la importancia que el método audio-oral concedía al análisis contrastivo, entre otras razones, como un medio de identificación y pronóstico de los errores que la LM podía propiciar en el aprendizaje de un segundo idioma. Dado que —supuestamente— los errores pueden derivar en hábitos incorrectos, se proponía también evitarlos de manera radical, lo que se conseguiría gracias a la repetición de enunciados-modelo hasta su correcta automatización. Aquí se advierten los principios del conductismo, que, por lo ya visto, reducía el aprendizaje (también el lingüístico) al proceso y resultado de la cadena asociativa estímulo-respuesta-refuerzo-hábito.

En los años setenta estas ideas mecanicistas sobre la enseñanza-aprendizaje de lenguas comenzaron a perder credibilidad a la luz de nuevas investigaciones, que venían a demostrar: a) que los errores en la producción de la LE persistían tras la aplicación de esos métodos de inspiración conductista; y b) que la interferencia de la lengua materna no era factor suficiente para explicar la totalidad de los errores del alumnado. Por tanto, se produjo un giro en la propia consideración del error, que ahora comienza a ser visto como un elemento útil, tanto en el aprendizaje de lenguas como por las posibilidades que ofrece su propio estudio teórico: si los métodos estructuralistas trataban de eliminar los errores por todos los medios, ahora adquieren valor por sí mismos y como preciados indicadores de las diversas etapas por las que atraviesan los aprendices en su proceso de apropiación de la LE.

4.1. El denominado Análisis de Errores (que llegó a convertirse en una de las ramas de la Lingüística Aplicada) se presentó, pues, como alternativa al enfoque contrastivo. Esta novedosa corriente gravitaba sobre los planteamientos teóricos de Noam Chomsky, que revolucionaron la ciencia lingüística a partir de 1957, así como sobre las teorías cognitivistas y mentalistas que circulaban en la época acerca de la adquisición de la LM. El foco de atención se dirige ahora: a) a la actividad mental de quien aprende una lengua, por lo que se asigna un valor determinante a su capacidad de conceptualización (aplicada a los distintos niveles del lenguaje: fonológico, morfosintáctico y léxico), como útil herramienta en ese proceso; y b) a las reglas que conforman la *estructura profunda* de la lengua, donde el componente semántico, que había sido desterrado por el estructuralismo, va despertando un creciente interés en los estudiosos (ver, por ejemplo Wallace L. Chafe, *Meaning and the structure of language*, 1970). Es lo característico del Método Cognitivo, el cual «pretende que se analicen y expliciten los procesos que subyacen en la adquisición de conocimientos como medio para facilitar y mejorar el aprendizaje», según Sánchez Pérez (2009, p. 194). La adquisición lingüística es concebida no ya como un proceso mecánico de imitación de las estructuras sino como un proceso creativo por parte del niño, el cual, sirviéndose de un dispositivo interno (innato y universal), es capaz de (re)construir la gramática de su lengua materna a partir de la información (siempre insuficiente) que le llega del exterior. Esta teoría supone que la adquisición de la LE obedece a un proceso similar, por lo que se propone el análisis de los errores cometidos en la producción real de una LE para descubrir las causas de esos errores e identificar las estrategias mentales que utilizan los aprendices.

En 1967 Stephen P. Corder presentó uno de los artículos fundacionales de esta corriente, el titulado «The significance of learner's errors», *International Review of Applied Linguistics*, 5, pp. 161-170.

4.2. La aceptación de la hipótesis de que los estudiantes de una LE pasan por diferentes estadios durante el aprendizaje nos lleva al concepto de *interlengua (interlanguage)*, término acuñado en 1972 por Larry Selinker, aunque desarrollado en sus contenidos e implicaciones didácticas por Stephen P. Corder (1981, pp. 65-78). Según este último autor, los aprendices formulan hipótesis, por lo general de modo inconsciente, sobre la lengua que van aprendiendo y de ese modo van construyendo en su imaginario una gramática particular que presenta los siguientes rasgos: a) es de carácter personal, es decir, propia y exclusiva de cada estudiante; b) es autónoma, al regirse por sus propias reglas; c) ocupa un espacio intermedio entre el sistema de la LM y la lengua meta; d) es sistemática (en cuanto a su coherencia interna) y, a la vez, variable (por tratarse de un sistema cambiante, a merced de variables lingüísticas y extralingüísticas); e) está en continua evolución, dada su progresión hacia la lengua objeto; f) es objeto de una constante reestructuración, a causa de esa misma condición evolutiva; y g) es transitoria, puesto que exige, como cualquier hipótesis, una confirmación posterior. Puede complementarse la información con la lectura de *La interlengua*, de Durão (2007).

5. EL LENGUAJE COMO OBJETO DE ESTUDIO INTERDISCIPLINAR: LA IRRUPCIÓN DE LAS FUNCIONES COMUNICATIVAS EN LA ENSEÑANZA DE SEGUNDAS LENGUAS

5.1. Una importante novedad en la enseñanza de segundas lenguas se produce cuando esta actividad didáctica se inserta plenamente en programas de política lingüística llevados a cabo por los gobiernos (aunque en Norteamérica ya contábamos con el precedente del programa militar ASTP). En efecto, en 1973 un grupo de expertos desarrolla por encargo del Consejo de Europa un programa (Proyecto Número 4) que será la base del denominado Método o Enfoque Comunicativo (ver más adelante §5.2), y cuyo objetivo primordial será desarrollar la *competencia comunicativa* de los hablantes. Propone unos conocimientos mínimos que el aprendiz de una LE deberá adquirir, junto a los tradicionales de la gramática y el léxico; tales conocimientos son de dos tipos: a) *categorías nocionales*, es decir, los conceptos expresados a través de la lengua o campos semánticos comunicativos (tiempo, cantidad, etc.); y b) *categorías funcionales*: el *para qué* del acto lingüístico, las intenciones del hablante cuando utiliza la lengua: presentarse, informar, preguntar, exigir, negar, etc. El centro de interés se traslada ahora, como vemos, del campo gramatical al funcional. Con estas premisas, los programas nocional-funcionales tendrán en cuenta: a) los significados que van a enseñarse (aspecto nocional); b) las formas lingüísticas que sustentarán esos significados (aspectos léxico y gramatical); y c) los contenidos más útiles para el aprendiz de una LE, seleccionados en función de sus necesidades comunicativas reales (aspecto funcional).

No tardarán en publicarse las dos primeras obras donde se plasman los resultados del proyecto didáctico del Consejo de Europa: *Notional Syllabuses* (Strasbourg, 1976), de D. A. Wilkins (donde se describen las bases teóricas de la visión nocional-funcional) y *The Threshold Level* (Strasbourg, 1976) de Jan A. Van Ek, esta última con una perspectiva más aplicada, pues en ella se ofrece un ejemplo práctico para programar la enseñanza de la lengua inglesa. Esta obra sería también el inicio de una serie de versiones mejoradas y ampliadas que se publicarán más tarde con aplicaciones a diferentes lenguas, entre ellas el español (a cargo de Peter Slagter: *Un nivel umbral*, Strasbourg, 1979). Sin embargo, ninguna de estas obras citadas constituía libros de texto propiamente dichos, pues en ellas no se incluyen las acostumbradas técnicas, actividades, ejercicios, etc. destinados a servir de guía al docente o al alumnado. Por tal motivo se desarrollarán en seguida los denominados *métodos comunicativos*, que vendrían a paliar esta laguna de tipo práctico.

5.2. A grandes rasgos, los Enfoques (o métodos) Comunicativos, de los que el nocional-funcional fue una primera muestra, entienden la lengua como un sistema de comunicación interpersonal cuya finalidad última es la transmisión eficaz de un contenido, lo que hace posible la comunicación; por tanto, la forma (= gramática) que adopte esa transmisión pasa a ocupar un interés secundario, aunque no nulo. Este tipo de métodos conjuga los presupuestos de la lingüística funcional británica (John R. Firth y M. A. K. Halliday) con los de la sociolingüística estadounidense (Dell Hymes, John Gumperz y William Labov) y la filosofía del lenguaje o pragmalingüística (John L. Austin y John Searle) para proponer nuevos modelos de enseñanza y aprendizaje de una LE de mayor alcance, una vez agotados o en declive los procedimientos didácticos al uso, especialmente los de tipo estructuralista, como el audio-oral. Se pondrá ahora el foco de interés en la noción de competencia comunicativa, que sustituirá a la más estrecha de competencia lingüística o gramatical, que había sido enunciada por Chomsky. De ahí el nombre de enfoque comunicativo (en inglés, *Communicative Approach*) o *enfoque funcional* (*Functional Approach*) que recibe el nuevo sistema didáctico, sobre el que, por su complejidad, se llegará a discutir, incluso, su denominación: ¿se trata de un enfoque, o es más bien un método? Puede verse la discusión en Sánchez Pérez (2009, pp. 107-108).

No puede olvidarse aquí, también como basamento lingüístico de los enfoques comunicativos, la más reciente *lingüística basada en el uso* (Tomasello 2003), que considera la capacidad de hablar como resultado de la conjunción de tres factores: la historia (cómo se transmiten las lenguas de una generación a otra), la psicología humana (las diferentes facultades sociales y cognitivas que facilitan la adquisición de una lengua en la etapa infantil) y la interacción social. Esta nueva corriente viene a echar por tierra el paradigma chomskyano, que defendía la existencia de un módulo gramatical innato, durante más de medio siglo considerada hipótesis necesaria para explicar cómo los niños comienzan a entender y a hablar la lengua de su entorno.

Las citadas disciplinas lingüísticas (lingüística funcional, sociolingüística, filosofía del lenguaje, pragmática, lingüística basada en el uso), que en su conjunto focalizan el interés hacia la lengua en uso, coinciden en señalar que el simple conocimiento de las reglas gramaticales de una lengua no basta para utilizarla adecuadamente. Fue D. Hymes quien, en su artículo «*On communicative competence*» (1972), amplió el horizonte de la *competencia* del hablante, tal como la entendía Chomsky (= las habilidades abstractas que tiene el hablante para generar oraciones gramaticalmente correctas), y propuso el concepto de *competencia comunicativa* como la capacidad que permite a un hablante comportarse comunicativamente de forma adecuada en una situación concreta. Como dejó escrito el propio Hymes, nuestra competencia comunicativa nos orienta sobre «cuándo hablar, cuándo no, y de qué hablar, con quién, cuándo, dónde, en qué forma». El de competencia comunicativa es, pues, un concepto comprensivo tanto de las reglas gramaticales como de las normas que guían el uso real de la lengua en su propio contexto discursivo. Con posterioridad, M. Canale y M. Swain, en «Theoretical bases of communicative approaches to second language teaching and testing» (1980), aplicaron el concepto de *competencia comunicativa* a la enseñanza de LE y desglosaron los cuatro tipos de componentes que, en su opinión, la integran, siempre de modo interrelacionado: *competencia gramatical* (= conocimiento del código lingüístico), *competencia discursiva* (= saber combinar los elementos de cohesión y coherencia textual), *competencia sociolingüística* (= uso apropiado, adecuación de significados y formas al contexto social) y *competencia estratégica* (= dominio de técnicas verbales y no verbales para compensar posibles fallos en la comunicación).

Mary Finocchiaro y Christopher Brumfit (1983) han realizado una útil comparación, que puede verse también reproducida en Richards y Rodgers (2003, pp. 156-157) entre las características del método audio-oral y las del enfoque comunicativo; su esquema nos servirá de base para sintetizar los rasgos más representativos de este segundo enfoque, que a todas luces se nos presenta mucho más flexible en sus principios y en su ejecución que el primero. Son los siguientes: a) la adquisición de la *competencia comunicativa* (= habilidad para usar la nueva lengua de manera efectiva y adecuada a las situaciones) es su objetivo final, y el que le da nombre, por lo que se revaloriza la importancia del contexto, de *la lengua en uso*; b) los diálogos en el aula giran en torno a las *funciones comunicativas* (= «los distintos fines que se pueden alcanzar mediante el uso social de la lengua», *Diccionario* CVC, s.v.); c) aprender la gramática de una lengua no es el fin, solo es el medio; d) se atiende primordialmente al significado, más que a las formas y estructuras de la lengua; e) más que el sintagma o la oración, interesan ahora las unidades supraoracionales (los textos, los discursos); f) la repetición y memorización de fórmulas pasa a un segundo plano; g) no se pretende alcanzar una pronunciación *perfecta*, basta con que sea comprensiva; h) el empleo ocasional de la lengua nativa y de la traducción no está proscrito: a veces puede ser conveniente recurrir a ellos; i) por la misma razón, la lectura y la escritura pueden ser utilizadas desde las primeras etapas de la enseñanza; j) se tienen en cuenta las variaciones y registros que las lenguas presentan en la realidad enunciativa; y k) se motiva al alumnado para lograr su máxima participación en el aula, la máxima interacción con el profesor y con los otros alumnos.

Un modelo de manual (que incluye guía didáctica y cuaderno de ejercicios, con tres niveles de dificultad) en el que se aplica este método comunicativo a la lengua española es *Antena. Curso de español para extranjeros,* realizado por el Equipo Avance y publicado a partir de 1986.

5.2.1. Entre los numerosos métodos que han derivado del enfoque comunicativo (por ejemplo, el Método Natural diseñado por Tracy D. Terrell (1977), o en los años ochenta el Método Basado en el Contenido, MBC)[3], destacaré el denominado Enseñanza de la Lengua Basada en Tareas (ELBT), surgido en los años noventa. Desde la perspectiva de este nuevo método, la unidad fundamental en el proceso de enseñanza/aprendizaje de las LE ya no serán las estructuras sintácticas o las nociones y funciones, como defendían algunos sistemas estructuralistas y comunicativos ya vistos: esa unidad de base serán ahora las *tareas,* o actividades de uso de la lengua en el aula, «debidamente organizadas y enlazadas entre sí para conseguir un fin o una meta determinados» (Sánchez Pérez 2009, p. 148). Los defensores de esta modalidad Candlin (1976), Breen (1987), Nunan (1989) piensan que las tareas crean un contexto favorable que facilita la adquisición de la lengua: los alumnos *negociarán* los significados, participarán en una comunicación dotada de sentido y cercana a un proceso natural, donde la conversación adquiere un papel relevante.

Detrás de este enfoque están los principios de la corriente lingüística llamada Análisis del discurso, que entiende la comunicación no como un simple mecanismo de codificación/descodificación de mensajes sino como un hecho que precisa la adecuada interpretación del *sentido* de esos mensajes, proporcionado a la vez por el texto y el contexto de la comunicación.

La aplicación de este método al español como LE fue difundida en 1990 por J. Zanón, en «Los enfoques por tareas para la enseñanza de lenguas extranjeras», *CABLE. Revista de didáctica del español como lengua extranjera* 5, pp. 19-28.

5.2.2. Como una modalidad más del enfoque comunicativo el *Marco común europeo de referencia* (2001) promueve el Enfoque Orientado a la Acción, y en concreto a la acción social de la lengua. Tal enfoque supone, con respecto al objeto (la L2), un uso real y variado de la misma y, respecto al sujeto (el aprendiz), su consideración como *agente social*, autónomo e intercultural. El objetivo será entonces conseguir que el estudiante sepa desenvolverse por sí mismo, con la nueva lengua que está aprendiendo, en situaciones reales del entorno social. Por tanto, desde esta perspectiva: (i) la lengua se aborda como una herramienta efectiva de socialización, no ya como un ente abstracto; y (ii) el aprendizaje pivotará sobre la noción de *competencias* (generales: saberes, destrezas, competencia existencial, capacidad de aprender; y comunicativas: pragmáticas, lingüísticas y sociolingüísticas), las que ha de adquirir y desarrollar el aprendiz de la lengua. Este enfoque tiene, pues, muy en cuenta los recursos cognitivos, emocionales y volitivos que las personas

---

[3] Pueden verse sus características más específicas en Sánchez Pérez (2009, pp. 128-144) (para el método natural) y pp. 165-174 (para el MBC). También en Richards y Rodgers (2003, pp. 189-199 y 201-217), quienes para el segundo método prefieren el nombre de Instrucción Basada en el Contenido (IBC).

—en mayor o menor grado— sabemos utilizar como seres sociales: «es un enfoque que implica directamente al usuario de la lengua y que por lo tanto mantiene un alto nivel de motivación» (Conseil et alii: 107).

¿Cómo se traslada al aula este modelo orientado a la acción? En pocas palabras: haciendo que el alumnado llegue a comunicar e interactuar con la L2 a través de *tareas* (palabra clave en este enfoque) creadas y diseñadas por el docente siguiendo pautas de carácter comunicativo y teniendo en cuenta el contexto del aprendiz y su ámbito de acción; por ejemplo, asignándole tareas de expresión oral (contar una historia) o escrita (rellenar una solicitud); de comprensión auditiva (resumir el contenido de un audio), lectora (explicar una noticia del diario, tras su lectura) o audiovisual (hacer la sinopsis de un cortometraje); de interacción oral (participar en un debate) o escrita (responder a un correo electrónico). Tales tareas, articuladas en *textos* y resueltas mediante *estrategias*, allanarán el camino al alumnado para lograr el propósito último: la competencia comunicativa, la comunicación correcta y pertinente con interlocutores reales (jerarquizada en seis niveles por el *MCER*). En este proceso tienen un destacado papel las actividades realizadas fuera del aula, que ponen al estudiante en situaciones de auténtica *inmersión lingüística* (puede verse un ejemplo de esta aplicación didáctica en Conseil et alii).

La serie *En Acción* de En Clave ELE[4] puede servirnos como modelo de método en el que se aplica al español (en cinco niveles y adaptado al Plan Curricular del Instituto Cervantes) el enfoque orientado a la acción propuesto por el *MCER*.

6. ALGUNAS REFLEXIONES PARA CONCLUIR

No he pretendido agotar en esta exposición el nutrido inventario de métodos o enfoques habidos en la larga historia de la enseñanza de lenguas segundas[5]. Mi intención ha sido desde el principio, siguiendo las directrices de los editores de esta obra, mostrar algunas de las corrientes lingüísticas que han ido dando sustento a los diversos métodos y enfoques en la enseñanza de las lenguas extranjeras, lo que permite introducir ciertas dosis de homogeneidad en la (más aparente que real) disparidad de métodos. Creo haber demostrado que todas las modalidades que ha ido adoptando en su trayectoria la enseñanza de lenguas presentan un sustrato de ideas e hipótesis acerca de los rasgos constitutivos del lenguaje humano y sus diferentes manifestaciones

---

[4] Disponible en: http://www.enclave-ele.net/index.php?option=com_content&view=article&id=242&Itemid=163

[5] Para ello existen excelentes libros en español, los que hemos venido citando abundantemente: Sánchez Pérez (2009) y Richards y Rodgers (2003). También Sánchez Pérez (1992).

idiomáticas; también sobre el modo como los hablantes aprendemos la(s) lengua(s), ideas que influirán directamente (en algún caso, tangencialmente) en los métodos de enseñanza coetáneos. La denominada *gramática tradicional*, el estructuralismo, el generativismo, el funcionalismo, la pragmática... han ido inspirando maneras y estrategias de enseñar/aprender una segunda lengua acordes con los principios que estas mismas corrientes defienden.

Es cierto que los especialistas suelen señalar una serie de métodos que suponen centrados en aspectos no lingüísticos, es decir, sistemas en los que no se ve clara una base o inspiración de tipo lingüístico; por ejemplo, el método de la Vía Silenciosa, de la Respuesta Física Total, la Sugestopedia, la Programación Neurolingüística, etc.[6] Son los denominados *métodos humanistas* y *globalizadores*, surgidos de un *enfoque holístico*, según el cual «el todo es mayor que la suma de sus partes», en palabras de Aristóteles. En la aplicación del holismo a la enseñanza de lenguas no solo se tienen en cuenta elementos propiamente lingüísticos (formas y contenidos gramaticales, funciones) así como factores contextuales inseparables del acto lingüístico, sino que también se aprovechan componentes emotivos y vivenciales propios de la personalidad humana: la afectividad, la cooperación, la autoestima, la confianza, etc., con lo que en todos esos métodos se adivina una base claramente psicológica, más que lingüística (Williams y Burden 1999). Pero, en mi opinión, incluso en estos métodos, justamente por encerrar concepciones holísticas, habrá que entender necesariamente implícita, subsumida en la teoría integral, una concepción determinada del lenguaje, las lenguas y la mejor manera de enseñarlas/aprenderlas.

Podemos preguntarnos, para finalizar, hacia dónde caminan los actuales métodos de enseñanza-aprendizaje de lenguas extranjeras. A estas alturas del siglo XXI se habla de la nueva orientación que va imponiéndose entre los especialistas y profesionales de la didáctica de lenguas: el de considerar los idiomas como un *comportamiento intercultural* (Vez Jeremías 2004). Es este un enfoque sociológico que prioriza la concepción de la lengua extranjera como un *instrumento social*, y en cuya enseñanza —se dice— no pueden obviarse los elementos socioculturales que siempre la integran: «apropiarse de una lengua añadida es apropiarse de sus discursos sociales y de una cultura» (Vez Jeremías 2004, p. 143), como ya presagiaban los enfoques comunicativos en las últimas décadas del siglo pasado. En cualquier caso, sería arriesgado predecir a largo plazo qué nuevos enfoques y subsiguientes métodos irán apareciendo en los futuros escenarios de la didáctica de segundas lenguas. Sí, en cambio, parece predecible una realidad que en estas páginas se ha ido evidenciando: la conti-

---

[6] Para una completa información sobre estos métodos alternativos, pueden verse Sánchez Pérez (2009, cap. VI), y Richards y Rodgers (2003, parte II).

nuidad de ese camino paralelo y de interrelaciones que, a lo largo de la tradición, han ido recorriendo la Lingüística y la didáctica de LE. Una interrelación que, además, no se da en una dirección única, de las teorías lingüísticas a la enseñanza de LE, sino que ocurre también en el sentido inverso, con el aprovechamiento de los resultados de la práctica didáctica en LE —y de cualquier práctica didáctica— para la consolidación del edificio teórico de la Lingüística.

7. TEMAS PARA LA REFLEXIÓN

A) Texto teórico de un método basado en la Gramática-Traducción

El siguiente texto (originariamente en italiano) es parte del «Prefazio» del libro de Juana Granados, *Corso Pratico di Lingua Spagnola. Lezioni per la «Radiotelevisione Italiana»* (Eri. Edizione RAI Radiotelevisione Italiana [s.l.], 1959). Léelo atentamente y, a continuación, trata de responder a las preguntas que se plantean para guiar la reflexión.

Prefacio

Este texto ha sido compuesto como auxiliar para las clases de lengua española difundidas por la Radiotelevisión Italiana; por tanto, ha sido concebido para responder en lo posible a las exigencias de los oyentes de radio que, como no pueden seguir —salvo auditivamente— las explicaciones, necesitan claridad y sencillez.

Otro requisito que he tenido en cuenta es el aspecto práctico, el cual no puede disociarse de la gramática si se pretende que la enseñanza llegue a ser útil sobre todo para aquellos que quieren aprender rápidamente las reglas y expresiones más frecuentes en la lengua corriente.

Porque creo que toda enseñanza debe ser impartida con un determinado método, he intentado, descartando incluso cualquier pesadez académica, proceder con orden en la exposición de la materia a fin de facilitar la consulta. Con este objetivo, he reunido las reglas de la gramática al comienzo de cada lección y las he acompañado de ejemplos prácticos, lecturas y diálogos con sus respectivas traducciones a fin de permitir a los radioyentes comprobar el significado exacto de cada expresión oída durante las retransmisiones.

[...]

Por supuesto, muchas cosas no están presentes o no están tratadas de manera exhaustiva; pero las exigencias del curso no nos han permitido hacer otra cosa; en cualquier caso, aquellos que, enamorados de la lengua, como *espero que suceda, aspiren a un estudio más detallado, pueden completar sus conocimientos recurriendo a mi* Gramática de la Lengua Española *[...]. Quienes necesiten practicar la correspondencia comercial, pueden encontrar lo necesario en mi* El español de los negocios *[...]. Espero haber interpretado de la mejor manera las necesidades de los radioyentes y espero que estas emisiones logren convencer a los italianos de que también es necesario estudiar seriamente esta lengua, que puede abrir no solo infinitos campos de utilidad práctica, sino inesperados y maravillosos horizontes literarios.*

[Trad. de MLCV]

Preguntas

Este prefacio contiene una serie de declaraciones de intenciones por parte de la autora del libro que bien podrían constituir una muestra suficiente de las características del método Gramática-Traducción:

a) ¿Podrías señalar cuáles son esas características, a partir de lo expresado en el texto?
b) ¿Qué implicaciones metodológicas encierra la frase «[...] he reunido las reglas de la gramática al comienzo de cada lección y las he acompañado de ejemplos prácticos, lecturas y diálogos con sus respectivas traducciones [...]»?
c) La alusión a los «horizontes literarios» que aparece en la última frase del texto, ¿crees que podría servir como un rasgo caracterizador y exclusivo de este método tradicional? Justifica tu respuesta.

B) Texto teórico de un texto con base estructuralista

El texto que sigue corresponde a los párrafos iniciales de la presentación que Francisca Castro hace en Uso de la gramática española. Gramática y ejercicios de sistematización para estudiantes de E.L.E. de nivel elemental (Edelsa, Madrid, 2006). Tras su lectura, te plantearemos algunas cuestiones que servirán de guía para la reflexión.

La organización general de Uso de la gramática española *es la del syllabus gramatical con el que los manuales de E.L.E. suelen articular la progresión del aprendizaje en sus diferentes niveles.*

Su objetivo es dar a la gramática la importancia que tiene como medio para obtener competencia lingüística y, al tiempo, mayor confianza a la hora de comunicar.

Los 35 temas de Uso de la gramática española [...] *presentan toda la gramática necesaria para un primer año de español y la trabajan en una serie de ejercicios sistemáticos y graduados.*

Cada tema tiene las siguientes partes:

Observe y Forma, *que presentan los puntos gramaticales con ilustraciones y cuadros de los paradigmas. De este modo, fundamentalmente visual, se recibe una información global, clara y esquemática que servirá como elemento de consulta rápida en cualquier momento del aprendizaje.*

Uso, *que explica las reglas esenciales de funcionamiento de los puntos gramaticales en situación de comunicación cotidiana, con el apoyo de numerosos ejemplos.*

Se ha procurado que el lenguaje esté al alcance de todos los posibles usuarios. Por tanto, se ha utilizado solo la terminología lingüística imprescindible y las explicaciones son muy sencillas en el léxico y en la estructura.

Ejercicios, *que reúnen las siguientes características:*
- *diseño que permite trabajar primero la forma y a continuación su uso en el contexto de la frase,*
- *gradación que va desde las actividades controladas hasta las de producción libre y semilibre en el interior de los temas,*
- *selección de vocabulario en función de la rentabilidad, la adecuación al nivel y el incremento gradual para su asimilación fácil y completa.*

Preguntas

En estos párrafos de presentación de los contenidos del curso de español:

a) ¿Crees que hay una apuesta clara por la enseñanza de la lengua *realmente hablada* y *en uso*, en la que se tiene en cuenta el *contexto*, tal como defienden —frente a la tradición— los métodos de orientación estructuralista? Justifica tu respuesta.

b) ¿Qué te sugiere el término *syllabus*, aquí empleado desde el principio? ¿Crees que una planificación tan rigurosa y sistemática como la que aquí se establece cabría en un método más actual como, por ejemplo, el comunicativo? Razona tu respuesta.

c) Identifica en el texto alguna palabra concreta que te lleve a pensar en la concepción estructuralista de la lengua como el resultado de un conjunto de hábitos lingüísticos, adquiridos a base de repetir estructuras fonológicas, sintagmáticas y oracionales.

d) Observa en el texto el empleo insistente de expresiones análogas como *progresión, gradación, incremento gradual, ejercicios sistemáticos y graduados*, etc. Relaciónalas con alguno de los principios del método estructuralista.
e) Según lo declarado en este texto: ¿cuáles son las unidades, categorías y niveles lingüísticos que deben importar al docente en el proceso de enseñanza del español como L2?
f) Observa en el segundo párrafo la importancia que se concede a la gramática en la enseñanza-aprendizaje de una segunda lengua. Ahí también se utiliza la expresión *competencia lingüística* y se alude al factor *confianza*: comenta el sentido que adquieren ambas expresiones en este contexto.

C) Texto teórico de un método con enfoque comunicativo

Lee el siguiente fragmento entresacado de la «Presentación» del libro de Concha Moreno, Piedad Zurita y Victoria Moreno, *Nuevo avance 4. Curso de español B1.2* (SGEL, Madrid, 2010). A continuación te planteamos algunas cuestiones que pueden ayudarte en la reflexión.

De todo un poco

Apartado destinado a la profundización de todas las destrezas.
La expresión oral que impregna el material desde el Pretexto *se practica en las secciones* Interactúa, *dedicada a la interacción, y* Habla, *orientada a la exposición personal. La comprensión auditiva, que se va afianzando con las grabaciones de Pretextos y prácticas, se refuerza con dos* Escucha. *En uno de ellos retomamos y ampliamos las funciones comunicativas y damos un especial énfasis a los contenidos socioculturales y pragmáticos. Ambas audiciones permiten no solo desarrollar la comprensión sino que son pretexto para seguir interactuando. Mantenemos las secciones destinadas a la* lectura *y* escritura, *pero ampliando la tipología textual reforzando lo ya practicado.*
Una vez más, perseguimos la coherencia de toda la unidad, relacionando los contenidos presentados con las prácticas, que han sido estudiadas en su variedad y objetivos para que los estudiantes, usuarios de la lengua como agentes sociales, activen sus recursos cognitivos y afectivos, sin olvidar que el uso de todas sus estrategias y competencias los conducirán a la acción.

Preguntas

En este texto las autoras resumen los contenidos del apartado que, con el título «De todo un poco», cierra cada unidad didáctica. Lo hemos escogido como texto base para la reflexión teórica del método comunicativo porque en él se compendian los rasgos más característicos de este enfoque:

a) ¿Podrías señalar cuáles son esas características, a partir de los contenidos del texto?
b) Señala algunas palabras claves que podrían identificar cada uno de esos rasgos propios del método comunicativo.
c) Expresa con tus propias palabras lo que quieren decir las autoras al referirse a 1) los «usuarios de la lengua como agentes sociales», y 2) los «recursos cognitivos y afectivos» de los estudiantes.

8. PROPUESTAS DIDÁCTICAS

A) Método Gramática-Traducción

Lee los siguientes ejercicios extractados del manual de español para italófonos de Juana Granados, *Corso Pratico di Lingua Spagnola. Lezioni per la «Radiotelevisione Italiana»* (Eri. Edizione RAI Radiotelevisione Italiana, s.l., 1959). Trata de contestar después a las cuestiones que se plantean.

Ejercicio 1

Copla

Tengo una pena, una pena	Ho una pena, una pena
que casi puedo decir	che quasi posso dire
que yo no tengo la pena:	che non io ho la pena:
la pena me tiene a mí.	la pena possiede me.

A. Machado

Ejercicio 2

Nozioni preliminari sul verbo /
Nociones preliminares sobre el verbo

Le coniugazioni son tre come in italiano; appartengono alla prima coniugazione i verbi che terminano per ar, alla seconda quelli che terminano per er, alla terza quelli che terminano per ir (amar = amare; leer = leggere; vivir = vivere, abitare).

La coniugazione spagnola ha i modi e i tempi come in italiano; le poche differenze le indicherò a tempo opportuno; per ora basti sapere che i tempi composti si formano con gli ausiliari più il participio del verbo che si vuole coniugare, la cui desenenza è: -ado per la prima coniugazione, -ido per la seconda e la terza (amado = amato; leido = letto; vivido = vissuto, abitato).

I verbi ausiliari veri e propri sono per l'attivo haber = avere, per il passivo ser = essere.

Tuttavia non sempre haber traduce il verbo avere italiano, e non sempre ser traduce il verbo essere.

Ejercicio 3

Frasi correnti

Yo hago las cosas que tú no haces = *Io faccio le cose che tu non fai*. Pedro hace la mar de cosas = *Pietro fa una quantità di cose*. Nosotros hacemos un viaje en avión y Pablo y María hacen un viaje por mar = *Noi facciamo un viaggio in aereo e Paolo e Maria fanno un viaggio per mare*. Vosotros hacéis demasiados gastos = *Voi fate troppe espese*. Yo digo tonterías, tú dices mentiras y ninguno dice la verdad = *Io dico sciochezze, tu dici bugie e nessuno dice la verità*. Decimos nuestras razones cada vez que vosotros decís vuestra opinión sobre cualquier asunto = *Diciamo le nostre ragioni ogni volta che voi dite la vostra opinione su qualsiasi argomento*. Los hombres dicen solo lo que conviene a su egoísmo = *Gli uomini sontanto ciò che conviene al loro egoismo*.

Ejercicio 4

Lettura

En España es costumbre corriente, y en la generalidad de los casos obligada, dar tratamiento a todas las personas de uno y otro sexo, adultas de cierta *categoría social. Todo hombre de la clase media y aquellos que por cualquier título de situación de carrera, de empleo, de educación, de instrucción, etc. no pertenecen al pueblo y a la masa general de obreros y campesinos, reciben el tratamiento en la relación social, de señor (abreviado Sr.) o de Don (abreviado D.) antepuesto al nombre o apellido. Al apellido, o sea al nombre de familia, se antepone el título o tratamiento de señor y así se dirá: señor García – señor Rodríguez, etc. Al nombre de pila o bautismo se antepone el Don y así se dirá Don Emilio – Don Alberto – Don Fernando, etc. En los escritos se anteponen los dos tratamientos al nombre y apellido: Sr. Don Emilio García [...]. Para las señoras se usa el tratamiento de Doña antepuesto al nombre de pila y de señora antepuesto al apellido o nombre de familia.*

Cuestiones

¿Por qué y para qué crees que se introducen fragmentos literarios —como el poema del Ejercicio 1— en este libro de español para italófonos, donde se aplica el método de enseñanza Gramática-Traducción?

Observa en qué lengua está escrito el texto del Ejercicio 2. Da tu opinión sobre el hecho de que en este manual se utilice la lengua nativa de los estudiantes para las explicaciones gramaticales: ¿crees que es, por el contrario, más eficaz emplear exclusivamente en el aula la lengua que se pretende enseñar/aprender?

En el Ejercicio 2, ¿cuál crees que es el método que se está poniendo en práctica para enseñar las reglas gramaticales de la L2, el deductivo o el inductivo?

¿Has encontrado en alguno de los ejercicios anteriores alguna explicación gramatical basada en la comparación entre lenguas, como es característico del método Gramática-Traducción?

En el Ejercicio 3, ¿cuál crees que es la unidad lingüística (fonema, morfema, palabra, sintagma, oración, etc.) que se está utilizando como unidad básica para la enseñanza y la práctica de la lengua española?

Los Ejercicios 1 y 4 presentan sendos textos para la lectura, como es habitual en el método tradicional. ¿Piensas que estos ejercicios de lectura siguen siendo necesarios en métodos de enseñanza más actuales?

B) Método con enfoque estructuralista

Lee los siguientes ejercicios extraídos del manual de español de Francisca Castro, *Uso de la gramática española. Gramática y ejercicios de sistemati-*

zación para estudiantes de E.L.E. de nivel elemental (Edelsa, Madrid, 2006). Trata de contestar después a las cuestiones que se plantean.

Ejercicio 1

Siga el modelo

Ej.: 1) libros / esta biblioteca
 ¿<u>Cuántos</u> libros <u>hay</u> en esta biblioteca?
 2) Turistas americanos / este hotel
 3) Cines / tu ciudad
 4) Alumnos / clase
 5) Museos / Madrid

Ejercicio 2

Describa diez cosas que tenga cerca o que imagine diciendo sus colores

| azul | marrón | verde | rojo |
| amarillo | blanco | negro | rosa |

Ejercicio 3

De la lista siguiente, diga qué cosas son obligatorias, cuáles están permitidas y cuáles prohibidas al despegar y aterrizar un avión

beber	estar de pie
comer chicle	fumar
pasear	hablar con el vecino
comer	abrocharse los cinturones
apagar los cigarrillos	poner los asientos en posición vertical

Cuestiones

Observa la expresión «Siga el modelo», que encabeza el Ejercicio 1. ¿Qué te sugiere esta frase?, ¿cómo la interpretas? ¿qué se pretende conseguir con la repetición de un *modelo*? [Antes de responder a estas cuestiones, ten en cuenta que este tipo de prácticas, que pretenden reiterar y memorizar estructuras lingüísticas, alcanzan un altísimo porcentaje en el conjunto de ejercicios del manual del que están extraídos estos ejemplos].

Los Ejercicios 2 y 3 prestan claramente atención a la práctica de la lengua oral. En este sentido, ¿qué cambios se han producido con respecto a los métodos de enseñanza más tradicionales? En el aprendizaje de una L2, ¿qué consecuencias conlleva (por ejemplo, en el plano fónico) este cambio de enfoque?

En este manual las explicaciones teóricas se limitan, al comienzo de cada lección, a unas brevísimas nociones de *forma* y *uso* de las diferentes categorías gramaticales: así, «En español hay tres grupos de verbos según la terminación del infinitivo: -ar, -er, -ir» [forma], y «El presente se usa para hablar de verdades generales, definiciones, informaciones, etc.» [uso]. ¿Cuál es, en tu opinión, el método (deductivo o inductivo) que se está utilizando con tal procedimiento?

¿Piensas que en estos ejercicios de enfoque estructuralista el *contexto* tiene ya cierto protagonismo en la enseñanza de una segunda lengua? Justifica tu respuesta identificando en los ejercicios anteriores la presencia de esa incipiente atención al contexto situacional.

Observa en qué lengua está redactado este manual dirigido a aprendices de español como L2. ¿Crees que esta innovación supone un avance en la enseñanza-aprendizaje de una segunda lengua? ¿Qué creencias lingüísticas subyacen a esta decisión de usar en el aula la propia lengua que se pretende enseñar?

C) Método con enfoque comunicativo

Lee los siguientes ejercicios extraídos del manual de Concha Moreno, Piedad Zurita y Victoria Moreno, *Nuevo avance 4. Curso de español B1.2* (SGEL, Madrid, 2010). Trata de contestar después a las cuestiones que se plantean.

Ejercicio 1

Interactúa

En parejas. Primero uno/a de vosotros/as lee las preguntas y la otra persona las contesta. Después cambiáis: quien ha preguntado, contesta, y quien ha contestado, pregunta.

1) ¿Cómo sería tu ciudad ideal?
2) Y tu vivienda ideal, ¿cómo sería, dónde estaría, cómo la decorarías, etc.?
3) ¿Cómo sería la escuela de idiomas ideal para ti? Descríbela.

Ejercicio 2

Completa este cuadro con lo que es de buena y mala educación en tu país. Comparad todos los cuadros.

En mi país es de buena educación…	En mi país es de mala educación…

Ejercicio 3

Escucha, lee e interactúa ON"

Pedir algo a alguien. Escucha los siguientes diálogos y contesta. ¿Qué están haciendo las personas que hablan?

a) Llamar la atención.
b) Pedir objetos.
c) Dar permiso.

Ejercicio 4

Vamos a hacer mapas mentales

En grupos de tres.

a) Completad el mayor número posible de círculos con palabras relacionadas. Después, escribid un texto en el que incluyáis todas las palabras de los círculos.
b) Comparad los textos con los del resto de la clase.

Ejercicio 5

Contenidos léxicos

Los españoles y los hispanoamericanos hablamos español —otros lo llaman castellano— y nos entendemos. Pero a veces usamos palabras distintas para referirnos a cosas cotidianas:

gafas: espejuelos, anteojos
acera: vereda, banqueta
coche: auto, carro
entrada: boleto, billete

autobús: colectivo, camión, guagua
frigorífico: heladera, frigidaire, refrigerador

Cuestiones

Con la realización del Ejercicio 1, ¿qué tipo de habilidades crees que se pretende conseguir del aprendiz de la L2? Trata de encontrar otros modos de potenciar esas destrezas en otros ejercicios de este apartado.

¿Qué aspecto del lenguaje se pone de relieve en la realización del Ejercicio 2? ¿Crees que este rasgo se tiene en consideración en el método Gramática-Traducción o en los métodos de base estructuralista, o bien supone una novedad en los sistemas de enseñanza con enfoque comunicativo?

La realización del Ejercicio 3 supone la utilización de un CD adjunto al libro que contiene material para escuchar y repetir cuando se trabaja en solitario, fuera del aula. ¿Qué ventajas, en tu opinión, reportan los recursos audiovisuales en la enseñanza de lenguas extranjeras? ¿Son recursos exclusivamente utilizados por los métodos de enfoque comunicativo?

Intenta identificar en alguno de los ejercicios anteriores las *categorías funcionales* propias de los métodos comunicativos, es decir, aquellas que reflejan la intención del hablante al comunicarse (presentarse, informar, solicitar, etc.).

Con la utilización de mapas conceptuales como los del Ejercicio 4, ¿hacia qué plano de la lengua se está tratando de centrar la atención del aprendiz? ¿Existe el mismo interés por las categorías nocionales en los dos tipos de métodos vistos anteriormente?

Observa que, en el Ejercicio 5, se presta atención a las categorías formales (al aspecto léxico, en este caso). Pero en este ejemplo, además, se da una peculiaridad con respecto a otros métodos precedentes, ¿podrías identificarla?

A la vista de los tres primeros ejercicios, ¿cuál dirías que es la unidad lingüística en torno a la cual giran los métodos comunicativos: el fonema, el morfema, la palabra, el sintagma, la oración o la unidad supraoracional (texto, discurso)?

Identifica en los ejercicios anteriores aquellas frases que animan a poner en práctica la interacción comunicativa entre los alumnos/as.

9. BIBLIOGRAFÍA BÁSICA COMENTADA

BARALO, M. (2011): *La adquisición del español como lengua extranjera.* Madrid: Arco/Libros.
Introducción a los problemas que plantea el estudio de la adquisición del español como lengua no nativa, con planteamientos y soluciones extrapolables a la adquisición de otras lenguas segundas. La autora presenta de manera muy didáctica las diferentes teorías y modelos (innatismo, conductismo, interaccionismo) que han tratado de encontrar respuestas a la pregunta «¿cómo se adquiere la lengua materna?»; debate sobre las diferencias en la adquisición de la lengua materna y una lengua extranjera; trata de aclarar cómo se construye ese conocimiento lingüístico no nativo llamado *interlengua*, y, por último, resume las diferentes teorías sobre la adquisición y la didáctica de una lengua extranjera.

RICHARDS, J. y RODGERS, T. S. (2003): *Enfoques y métodos en la enseñanza de idiomas* (CASTRILLO, J. M. y CONDOR, M., trads., GARCÍA, Á. y MAS, J. M., eds.). Madrid: Cambridge University Press.
En esta nueva versión, revisada y actualizada, del muy citado libro que se publicó por primera vez en inglés en 1986 (*Approaches and Methods in Language Teaching*), se tratan de forma muy comprensible las grandes orientaciones habidas en la enseñanza de lenguas en el siglo XX (parte I), junto al estudio de otros métodos alternativos —y menos extendidos— en esa centuria (parte II), además de abordar los enfoques comunicativos preferidos en la época actual (parte III). En la descripción de cada método se sigue el mismo esquema descriptivo (teorías lingüísticas subyacentes, objetivos del aprendizaje, modelo del programa utilizado, etc.) lo que facilita un certero análisis comparativo entre ellos.

SÁNCHEZ PÉREZ, A. (1992): *Historia de la enseñanza del español como lengua extranjera.* Madrid: SGEL.
Libro pionero, y considerado ya un clásico, en la historia de la disciplina. Trata —por primera vez en la bibliografía española— de manera sistemática y global de los más relevantes autores y obras que han aportado métodos y enfoques en la enseñanza del español como segunda lengua. Y todo ello con una visión panhispánica, dada la inclusión del continente americano en

sus rastreos. Indispensable, por tanto, para profundizar en la manera como se ha enseñado la lengua española en los últimos quinientos años, tanto en Europa como en América.

Sánchez Pérez, A. (2009): *La enseñanza de idiomas en los últimos cien años: métodos y enfoques.* Madrid: SGEL.
Si el libro anteriormente citado, del mismo autor, se centraba en la descripción de los métodos que se han venido aplicando a la enseñanza de una lengua concreta (la española) en el transcurso de sus cinco siglos de historia, este se ocupa de analizar con detalle y con una descripción sistemática los métodos (más de veinte) utilizados en la enseñanza y aprendizaje de los idiomas en general. También se circunscribe a un espacio cronológico más reducido: los últimos cien años. Finalmente, y por razones obvias, es un volumen que se presenta más actualizado: por la simple razón de que ha sido editado casi dos décadas más tarde, lo que ha permitido al autor la incorporación de nuevas informaciones relativas a la enseñanza de las lenguas.

Santos Gargallo, I. (1999): *Lingüística aplicada a la enseñanza- aprendizaje del español como lengua extranjera.* Madrid: Arco/Libros.
Breve monografía que, de forma muy sintética, pretende dar unas nociones introductorias en la enseñanza y el aprendizaje del español como lengua extranjera (en tanto que actividad docente) al alumnado universitario de las facultades afines (filología, traducción, etc.). También puede ser útil para el profesorado que, aun teniendo cierta experiencia en esta modalidad de enseñanza, siente la necesidad de reflexionar y fundamentar su actuación en el aula.

Vez Jeremías, J. M. (2004): «Aportaciones de la lingüística». En Sánchez Lobato, J. y Santos Gargallo, I. (dirs.) *Vademécum para la formación de profesores. Enseñar español como segunda lengua (L2)/lengua extranjera (LE).* Madrid: SGEL, pp. 127-145.
Capítulo de libro donde se trata de contrastar las tres grandes corrientes lingüísticas del siglo XX (el estructuralismo, los modelos generativos y la pragmática) con los métodos de aprendizaje y enseñanza de lenguas habidos en la misma época, en su sucesiva concepción de la lengua como *conocimiento*, como *comunicación* y como *comportamiento intercultural*. Métodos que el autor no percibe en absoluta coincidencia evolutiva con estos tres momentos del desarrollo de la ciencia lingüística.

CAPÍTULO 3

METODOLOGÍAS EN LA ENSEÑANZA-APRENDIZAJE DE SEGUNDAS LENGUAS

Víctor Pavón Vázquez
Universidad de Córdoba

1. INTRODUCCIÓN

Adentrarse en el campo de la metodología de la enseñanza de una lengua extranjera es, valga la paradoja, algo complejo y asequible al mismo tiempo. Complejo puesto que la didáctica o la pedagogía específica para enseñarla engloba multitud de factores y elementos que deben ser abordados con precaución (Stern 1983), y asequible puesto que se trata de un ámbito que cuenta con una gran tradición y, por tanto, en la que desde hace algunas décadas (véase por ejemplo Titone 1968; Kelly 1969; Sánchez 2009), podemos encontrar una ingente cantidad de revisiones, guías, recomendaciones y bibliografía científica. Aunque poco se pueda aportar de novedoso en este campo, hay sin embargo ciertos aspectos relacionados con la enseñanza de lenguas extranjeras que son susceptibles de ser tratados de forma más o menos original.

Para la elaboración de este capítulo, partimos de la base de que el objetivo no es pretender estructurar una apuesta metodológica novedosa, sino recalcar la importancia de trabajar con una serie de preceptos básicos para la enseñanza comunicativa. El término *competencia comunicativa* fue acuñado por Hymes (1972) como complemento a la distinción chomskyana de *competencia* y *actuación* (Chomsky 1965) puesto que como sociolingüista consideraba que estas nociones eran demasiado limitadas y no describían correctamente la diferencia entre el conocimiento sobre las formas y reglas del lenguaje y la conciencia que permite a una persona comunicarse de forma funcional e interactiva. De acuerdo con Hymes (1975), una persona que consigue una competencia comunicativa adquiere tanto el saber como la habilidad para utilizar el lenguaje. Hoy en día, se entiende por competencia comunicativa la capacidad para comprender mensajes e interpretar significados de carácter interpersonal en contextos particulares (Widdowson 1978).

En la misma línea, Savignon (1972) postulaba que la competencia comunicativa constituía la habilidad para interactuar en un contexto comunicativo en el que la competencia lingüística se adapta a la información lingüística y paralingüística. Esta autora señala cuatro características básicas de la competencia comunicativa: a) su carácter dinámico puesto que depende de la negociación del significado entre los hablantes, b) se trata de una competencia que se aplica al dominio oral y al escrito por igual; c) es de naturaleza contextual y específica dado que tiene lugar en una situación particular; y d) posee un carácter relativo al depender de la cooperación de los hablantes.

Para algunos, la competencia comunicativa incluye la competencia gramatical y ambas no deben ser enseñadas de forma separada puesto que la segunda es una parte esencial de la primera (Munby 1988). Para este autor, existen tres componentes: la orientación sociocultural, el componente socio-semántico y el conocimiento lingüístico que no deben disociarse. Pero quizá la contribución más influyente y cercana, por lo que ha supuesto para determinar la concepción de cómo debe abordarse la enseñanza de lenguas extranjeras, es la que nos ofrecen Canale y Swain (1980) y Canale (1983), para quienes la competencia comunicativa posee un carácter integrador ya que engloba el conocimiento de la lengua y la habilidad para utilizar las cuatro destrezas lingüísticas tradicionales: escuchar, hablar, leer y escribir. Se trata de una concepción que ha determinado los currículos de enseñanza de lenguas extranjera desde entonces y en la actualidad se ve representada por lo expuesto por el Marco Común Europeo de Referencia para las Lenguas o *MCER* (Llorián 2007). De acuerdo con la explicación del *MCER* (Consejo de Europa 2001), la competencia comunicativa se subdivide en varias subcompetencias:

a) Competencia lingüística: el conocimiento de los códigos y reglas de naturaleza lingüística (sintaxis, semántica y fonología).
b) Competencia sociolingüística: las convenciones sociales, los propósitos comunicativos, registros… que determinan el uso del lenguaje.
c) Competencia estratégica: la habilidad para realizar ajustes en el curso de la interacción.
d) Competencia pragmática/discursiva: la utilización del lenguaje teniendo en cuenta las intenciones inherentes a las palabras.

La razón por la que la utilización del paradigma conocimiento y habilidad ha resultado ser tan influyente en los programas de enseñanzas de lenguas extranjeras viene dada porque supera la visión tradicional de que el conocimiento sobre el uso del lenguaje era suficiente para asegurar un uso efectivo en situaciones de comunicación (Ellis 1986, 1990). Se trataba de un modelo que se demostraba incapaz de proporcionar al alumnado un uso del lenguaje en situaciones auténticas de comunicación y por tanto resultaba ineficaz puesto que no conseguía que aprendiesen los recursos lingüísticos necesarios para interactuar en situaciones reales de comunicación (Lightbow y Spada 1993). Sin embargo, hay que hacer notar que el hecho de que este tipo de modelo no sea suficiente no quiere decir que haya que excluirlo en la enseñanza de lenguas extranjeras dado que se revela como necesario para desarrollar las habilidades lingüísticas correctamente (Rivers 1981). De ahí la importancia de la metodología, que debe ayudar al profesorado a integrar el conocimiento de la lengua para facilitar su uso correcto (Richards 2011).

Para terminar esta introducción, debe resaltarse que más que elaborar un compendio voluminoso de sugerencias metodológicas la idea que anima a este capítulo es más bien la de trabajar con un reducido número de aspectos metodológicos con efectividad contrastada sobre los que basar la actuación pedagógica en el aula.

2. FUNDAMENTOS TEÓRICOS

2.1. Principales enfoques y métodos en la enseñanza de Español como Lengua Extranjera

A lo largo de las cinco últimas décadas hemos asistido a la aparición de una gran cantidad de teorías, enfoques y métodos encaminados a promover distintas concepciones de lo que debería ser la enseñanza de una lengua extranjera. Ello ha ocurrido sobre todo con la lengua inglesa, contando con un amplio desarrollo en estos años debido al estatus que ha alcanzado como lengua de uso común en numerosos ámbitos, fundamentalmente el financiero, el científico y el relacionado con lo que se suele denominar *la cultura popular*. Desde hace algunas décadas, sin embargo, el propio interés que despiertan algunas lenguas y su cultura, junto con la concienciación de las ventajas de dominar o utilizar con fines comunicativos varias lenguas y la promoción paralela de políticas lingüísticas a nivel supranacional, ha hecho que el desarrollo de ELE se haya convertido en un campo con un florecimiento más que notable (Sánchez 1992).

Quizá haya quien piense que no se puede comparar la trayectoria en la evolución de los enfoques y métodos para la enseñanza del inglés con la enseñanza del español. Sin embargo, en nuestra opinión, esta forma de pensar claramente revela un acercamiento minimalista y de poca profundidad puesto que los principios que han de aplicarse a la enseñanza de una lengua a personas con una lengua materna distinta son los mismos, independientemente de que la lengua extranjera que se desee aprender sea el francés, el español, el alemán o el inglés. La existencia de una amplia bibliografía científica y pedagógica sobre el tema y la ingente cantidad de evidencias materiales acumuladas sobre el proceso de aprendizaje de una lengua extranjera tienen el mismo valor, separadamente de la lengua que se trate. El profesor de una lengua extranjera debe distinguir entre una verdad sólida y la información poco fundamentada por igual, así como decidir si un determinado método y sus técnicas son adecuados o no, independientemente de que enseñe una u otra lengua.

La aplicación de las distintas corrientes pedagógicas en el ámbito de la enseñanza de ELE ha corrido a la par de la propia evolución general de estas propuestas (Melero 2000). Un rápido vistazo a la evolución de los enfoques y métodos para la enseñanza del español como lengua extranjera nos proporciona un interesante panorama de variadas interpretaciones sobre cómo enseñar una lengua extranjera en general y de las implicaciones que las distintas teorías han tenido para determinar la pedagogía utilizada en el aula.

Así, la enseñanza de ELE también estuvo dominada en sus principios por la presencia del Método Gramática-Traducción. Basado en el aprendizaje de vocabulario y en la explicación sistemática de reglas gramaticales, el propósito se dirigía a fomentar el uso de la lectura de forma extensiva y hacia los ejercicios de análisis gramatical y la traducción frecuentemente descontextualizados. Asimismo, las clases se impartían generalmente en la lengua materna del alumnado. Un ejemplo de manuales en los que dominaban estos principios fueron por ejemplo *Español para extranjeros* o *Así es el español básico* publicados por la editorial Aguilar y por la Universidad de Salamanca, respectivamente. Lamentablemente, aunque se supone que ha sido superado hace tiempo, se trata de un método cuya esencia todavía perdura en la praxis de un buen sector del profesorado, para quienes, por ejemplo, las reglas gramaticales deben ser enseñadas de forma fundamentalmente deductiva.

Como ocurre muy a menudo, la ley del péndulo hizo que surgiera el Método Directo en total oposición al método de gramática-traducción. Su principal característica era que se basaba en la exposición al lenguaje oral y que la gramática se debía aprender de forma inductiva, no por explicación, por lo que las explicaciones sobre el uso de la lengua se realizaban por medio de refraseamientos, sinónimos o por demostración contextualizada. En la misma línea también habría que situar al Método Audiolingüe, un método de corte conductista, fundamentado en la primacía de las destrezas orales, que enfatizaba las técnicas de repetición y de memorización de diálogos, y que promovía un uso intensivo del laboratorio de idiomas. En su caso, las reglas gramaticales se encontraban secuenciadas y se explicaban de forma sistemática.

Conforme estos métodos y enfoques iban mostrando sus carencias y su incapacidad para abordar una enseñanza comunicativa, real y efectiva de la lengua, comenzaron a surgir los denominados enfoques humanísticos. De ellos destacamos el método de aprendizaje comunitario, en el que pequeños grupos aprenden por medio de la dinámica en el uso de la lengua y en la guía que proporciona el profesor; el método de respuesta total, en el que el alumnado aprende a través de la realización de acciones; el método silencioso, que promueve la producción oral del alumno mediante la autoayuda con otros alumnos mientras que el profesor utiliza la lengua de forma muy limitada; o la sugestopedia, en la que se crea una atmósfera relajada donde el alumnado asume nuevas identidades con el objeto de promover una atención al proceso de comunicación en el plano consciente y subconsciente.

A partir de la década de los 80 del siglo pasado comenzó a imponerse una concepción de la enseñanza de lenguas extranjeras en la que la capacidad para comunicarse satisfactoriamente se convirtió en el objetivo principal de la enseñanza. Así surgió el Método Comunicativo, sobre la base de la insatisfacción obtenida a partir de la aplicación de los métodos centrados en la manipulación de las estructuras gramaticales con el fin de alcanzar la corrección en su uso. Por otro lado, se trataba de una visión más abierta y novedosa que bebía de las consideraciones emanadas a partir de las teorías lingüísticas de corte funcional, que en su momento por tanto dieron origen al enfoque funcional-nocional en la enseñanza de lenguas. Sus principios se resumen en que *comunicativo* significa *semántico* en el sentido de que, por ejemplo, las reglas gramaticales deben ser tratadas primordialmente como funciones comunicativas de la lengua; que la evaluación del uso por parte del alumno no debe descansar primariamente en la corrección sino en la capacidad para comunicarse; que las destrezas lingüísticas deben ser enseñadas y aprendidas de forma equilibrada; que el concepto de comunicación transciende el nivel oracional para pasar a una dimensión discursiva; que el uso de la lengua cuyo aprendizaje se promueve debe ser real y auténtico; que se pueden aprovechar los conocimientos sobre aspectos comunicativos procedentes de otras lenguas, incluida la materna; y que deben considerarse dimensiones de gran importancia para la comunicación como el tema, el contexto y el papel de los distintos interlocutores. Como métodos paradigmáticos de esta concepción podemos encontrar en su época a *Ven*, de la editorial Edelsa, o *Intercambio*, de la editorial Difusión.

A partir del método comunicativo hemos visto surgir numerosas aproximaciones que han destilado sus principios. Entre ellos destaca el aprendizaje por tareas, reconocido como uno de los métodos más efectivos incluso en el *MCER*, y que postula un abandono de la instrucción formal de los aspectos gramaticales a favor de una adquisición de un uso correcto de la lengua a través de la realización de actividades y tareas planificadas y dispuestas para favorecerlo. El principio que subyace a su propuesta de naturaleza constructivista es que cuantas más oportunidades se tengan para usar la lengua y cuanto más diferentes sean los contextos y más variadas las necesidades que se requieran, mayor será el conocimiento y el manejo que se adquiera. Se enfatiza la autonomía del alumno, el aprendizaje a través de la acción, las actitudes y los procedimientos se consideran una parte esencial del aprendizaje y se trata de una metodología que puede ser adaptada para ser utilizada con cualquier libro de texto o material de enseñanza. En libros como *Gente*, de la editorial Difusión, *Planet@ ELE*, de la editorial Edelsa, o *Acción* y *¡Genial!*, de la editorial En Clave ELE podemos observar este tipo de enfoque. De forma complementaria a la estela que ha dejado el paradigma comunicativo y al hilo de los éxitos contrastados en la bibliografía científica por la enseñanza basada en tareas, han surgido aproximaciones que se han adentrado en mejorar aspectos más específicos o rentabilizar estrategias particulares. Entre ellas cabe mencionar el aprendizaje cooperativo, cuya idea principal es la de promover la interacción entre el propio alumnado para favorecer el apoyo entre ellos como forma de aumentar significativamente el uso de la lengua en el aula; también el aprendizaje por proyectos, en el que la consecución de un objetivo de aprendizaje a través de la elaboración de un proyecto sirve como excusa para la manipulación y uso de la lengua de forma intensiva y extensiva; la instrucción basada en contenidos, cuyo principal objetivo es promover el desarrollo de la lengua a través del trabajo con contenidos temáticos interesantes y motivadores para el alumnado y que en los casos de enseñanza reglada se encuentran conectados con los contenidos académicos de otras asignaturas del currículo; y por último, la inclusión del componente multicultural como elemento esencial en la enseñanza y aprendizaje de una lengua (véase como ejemplo de este último caso a *Caleidoscopio*, de la editorial En Clave ELE).

Los métodos para la enseñanza de ELE han surgido, al igual que en el caso de otras lenguas extranjeras, en parte a partir de consideraciones teóricas y necesidades educativas e incluso sociales y políticas, pero también en parte por la intuición, la inventiva y la experiencia práctica. Estas consideraciones, por otro lado, deben verse asimismo apoyadas por evidencia empírica suficiente que corrobore sus resultados. Quizá, lo principal que nos ha quedado de la gran variedad de propuestas es la conciencia de que no existen recetas generales de aplicación rápida y efectiva y no hay ningún método diferenciado que nos asegure el éxito. Solo a partir de un conocimiento sólido y fundamentado de los principios que sustentan el aprendizaje de lenguas, de los estilos y estrategias de aprendizaje de nuestro alumnado, de los factores individuales y sociales, y de las técnicas y materiales, nos llevará a ser capaces de utilizar una propuesta ecléctica, cauta y efectiva sobre la que basar nuestra enseñanza de una lengua extranjera.

2.2. Premisas metodológicas

Resulta un tanto sorprendente constatar que la didáctica específica sobre enseñanza de lenguas extranjeras, o al menos la aplicación que se hace de los principios pedagógicos que la animan, ha dado normalmente como resultado un tipo de enseñanza en el que las actividades orientadas a trabajar con las habilidades lingüísticas no son de las más frecuentes y aparecen solo de forma esporádica. Ciertamente las consideraciones materiales, con un número de alumnado excesivamente alto, pocas horas dedicadas a la enseñanza de la lengua, una formación del profesorado no específica como profesorado de lenguas extranjeras (Wallace 1991) o incluso la cultura con respecto al aprendizaje y uso de lenguas extranjeras, no ayudan mucho, y aún menos en lo que se refiere a la enseñanza de las destrezas orales (Pavón 2006). A veces se trata de un problema derivado de las condiciones materiales antes aludidas, pero en ocasiones también se trata de una aplicación errónea o insuficiente de algunas premisas básicas (Wode 1980; García 2008). Por ejemplo, existe poca atención al principio según el cual el alumno debe recibir gran cantidad de *input* comprensible (Krashen 1992) para poder utilizar la lengua posteriormente de forma comunicativa y correcta. Una exposición lo más extensa y continuada posible es crucial para desarrollar el conocimiento y las habilidades básicas para utilizar la lengua. La comprensión precede a la producción y, al igual que en la adquisición de la lengua materna, la producción de la lengua extranjera no debe forzarse durante los primeros estadios del aprendizaje (Richards y Rodgers 1986). Ello significa que, en términos prácticos, en los primeros años de aprendizaje debe trabajarse el conocimiento y el uso de la lengua extranjera sobre todo en las habilidades receptivas (leer y escuchar) por encima del trabajo específico con las habilidades de tipo productivo (escribir y hablar).

Para que una enseñanza se pueda calificar de comunicativa debe mostrar una atención integradora en la que el objetivo principal sea preparar al alumnado a explotar de forma óptima una competencia comunicativa que se encuentra en construcción y a animarlos a participar en situaciones de comunicación reales (Mumby 1988). Resulta evidente, no obstante, que la calidad de la comunicación que se pueda desarrollar con esa incipiente competencia comunicativa dependerá sobremanera de la lengua dominante, la lengua materna, de la motivación del alumnado, de la propia motivación del profesorado y la efectividad de estrategias, técnicas y actividades propuestas. Para empezar, destacamos de acuerdo con Canale y Swain (1980) cuatro principios generales que deben animar a una propuesta de enseñanza comunicativa:

a) *Trabajar con todas las competencias*. La competencia comunicativa incluye cuatro áreas de conocimientos y habilidades diferenciadas: grama-

tical, sociolingüística, discursiva y estratégica. En términos generales, el primer objetivo debe ser proporcionar al alumnado una aproximación integral y equilibrada.
b) *Analizar las necesidades.* La enseñanza comunicativa debe estar basada en las necesidades e intereses del alumnado. Lo verdaderamente importante es que se acerque la enseñanza comunicativa a las variedades del idioma con las que el alumnado va a estar en contacto en situaciones reales de comunicación.
c) *Fomentar una interacción significativa y real.* El alumnado debe tener la oportunidad de tomar parte en interacciones comunicativas reales en las que podrá poner en uso habilidades comunicativas similares a las que se requieren en su lengua materna. Se trata de un asunto importante no solo en lo que concierne a las actividades de clase sino también en lo que concierne a la evaluación, que debe incluir la comprobación de un uso comunicativo de la lengua.
d) *Tener una visión global de la enseñanza.* El objetivo primario de la enseñanza comunicativa de una lengua extranjera debe ser proporcionar al alumnado la información, la práctica y la experiencia suficiente para que pueda enfrentarse a situaciones comunicativas reales. Ello incluye el trabajo con los aspectos culturales relacionados con la lengua extranjera, lo que conllevará la utilización y la exposición a elementos culturales más directamente relacionados con los usos de la lengua extranjera.

2.3. La enseñanza de las destrezas lingüísticas

Aunque resulte obvio mencionarlo, vale la pena detenerse a reflexionar sobre la necesidad de trabajar sobre las destrezas lingüísticas correctamente. Por destrezas lingüísticas entendemos, tal y como se encuentran descritas en el *MCER* (Consejo de Europa 2001), las distintas formas en que se activa el uso de la lengua, esto es, la capacidad para expresarse oralmente y por escrito y la capacidad para entender mensajes orales y escritos, y que se han agrupado tradicionalmente por tanto en estas cuatro actividades lingüísticas: expresión oral, expresión escrita, comprensión auditiva (también denominada *oral*) y comprensión lectora (también denominada *escrita*). Hoy en día, sin embargo, tal y como queda establecido en el *Marco*, la expresión oral ha quedado dividida en dos: la capacidad para comunicar (y exponer) oralmente y la capacidad para conversar (e interactuar) de forma oral también.

De acuerdo con Woodward (2001, pp. 94-95), es necesario tener en cuenta una serie de principios previos al trabajo con las destrezas lingüísticas. Entre ellos:

- Partir de la base de que el alumnado posea distintos grados de capacitación en las destrezas lingüísticas, pudiendo encontrar en un mismo nivel a alumnado con muy distintas capacidades diferenciadas.
- Las destrezas deben ser abordadas de forma individual o combinada, en este último caso no debemos someternos a un orden establecido sino que debe ser intercambiable, dependiendo del objetivo de la tarea.
- No debemos caer en el paradigma clásico según el cual las destrezas escritas se asocian a un tipo de registro formal, cargado de densa información, mientras que las orales se asocian a un tipo de registro informal y espontáneo.
- La motivación sobre el porqué del trabajo con una actividad u otra debe ser comunicada al alumnado, quien debe conocer si la tarea encomendada tiene interés por sí misma, porque presenta un uso lingüístico relevante, o porque proporciona práctica en una destreza en particular.
- Resulta muy efectivo utilizar otras destrezas distintas a las relacionadas con la tarea como forma de interactuar con el alumno, ofreciendo *feedback* escrito en la comunicación oral, o viceversa.

Sin entrar en confrontación con la secuenciación del trabajo textual en sus cuatro fases, la estructura ideal de presentación de las actividades ligadas a una destreza particular se articula en tres fases diferenciadas: una primera fase de preparación de la actividad principal, en la que se proporcionan los rudimentos lingüísticos y conceptuales necesarios para contextualizarla (*pre-actividad*); una segunda fase en la que se realiza la tarea principal (*la actividad en sí*); y una tercera en la que se practica, se reflexiona y se evalúa lo adquirido en dicha tarea (*post-actividad*). Se suele argumentar que este tipo de estructura es ciertamente válida para las destrezas receptivas, pero no así para las productivas, para las cuales se reserva una aproximación también en tres fases, aunque bien distinta: una fase de presentación, en la que el profesor introduce la tarea; una fase de práctica, en la que el alumno interactúa de forma controlada o semi-controlada; y una fase de producción, en la que se produce una elaboración más refinada (Scrivener 1994). En nuestra opinión, no obstante, esta secuencia resulta totalmente válida asimismo para las destrezas productivas, mientras que la secuencia de presentación-práctica-producción muestra una mayor eficiencia cuando se utiliza para trabajar con elementos lingüísticos particulares, más que con algunas destrezas de forma general.

Como aspecto fundamental, se debería realizar una reflexión sobre cómo abordar las capacidades de hablar (en su doble faceta, discursiva y académica), de escuchar, de leer y de escribir, sobre la base de cuáles son las necesidades del alumnado, que en general requieren trabajar de forma efectiva las destrezas orales de forma preeminente. ¿Cómo? Fácilmente utilizando alguna de estas propuestas: i) articulando las actividades (pre- y post-) en torno a una actividad principal de escucha, es decir, se puede introducir una actividad inicial de introducción o puesta en común oral y tras la actividad principal elaborar un resumen de los puntos más importantes de forma escrita; ii) justamente la opción contraria, apoyando las tareas de escritura o lectura con actividades orales (generalmente en forma de preactividades, pero también como postactividades); o iii) simplemente dotando de más tiempo a las actividades orales, sin perjuicio de que se incluyan actividades iniciales o finales de tipo lector o escritor. La idea es que tanto las actividades orales como las escritas aparezcan siempre ligadas, que se produzca una atención preferencial a las habilidades orales, por supuesto, pero sobre todo que unas y otras aparezcan siempre de forma conjunta.

Por otro lado, debemos cuidar que la selección de nuestras actividades cubra todos los ámbitos de la competencia comunicativa (lingüística, discursiva, estratégica, sociocultural). Así pues, resulta recomendable que en el aula siempre aparezcan una o varias actividades encaminadas directamente a trabajar cada una de ellas.

2.4. Naturaleza y gradación de las tareas

El modelo escogido para la realización de la tarea principal en sus cuatro fases (capacitación comunicativa, producción textual, reflexión lingüística y reconstrucción textual); se opone a la tradicional concepción de presentación-práctica-producción (Willis 1994) y determina en gran medida la naturaleza de las tareas y estructura por sí mismo su gradación o, al menos, ofrece una guía secuencial que nos va a ayudar a planificar la intercalación de las actividades. No obstante, sería conveniente revisar algunos conceptos de importancia a la hora de seleccionar las actividades y tareas y, además, a la hora de pensar en cómo articular su secuenciación (Estaire 1999).

Para empezar, las tareas deben estar diseñadas sobre cuatro preceptos fundamentales: i) los objetivos que el alumnado debe alcanzar; ii) las características de las actividades que deben desarrollar; iii) los materiales que van a tener que manipular (en la doble vertiente receptiva y productiva); y iv) sus conocimientos lingüísticos, sus competencias sociales y culturales, y sus intereses y necesidades.

Además, las tareas deben atender a una serie de criterios (Willis y Willis 2007), debiendo:

- mostrar un carácter motivador, proporcionando materiales y actividades interesantes para el alumnado;
- atender a elementos temáticos significativos y relevantes;

- tener en consideración las necesidades comunicativas del alumnado, sus habilidades y estrategias;
- fomentar el intercambio de información entre el alumnado, enfatizando el uso de la lengua para la realización de la tarea;
- proporcionar oportunidades para la metacognición y la metacomunicación;
- promover la autoevaluación y la elaboración de *feedback* por parte del alumnado, aumentando la propia conciencia del alumno sobre el proceso de aprendizaje;
- asegurar que el producto resultante tenga una efectividad y una aplicación comunicativa fuera del aula.

En lo referente a las características de las actividades que se diseñen para llevar a cabo las tareas requeridas, conviene no dejar pasar una serie de sugerencias relativas a su naturaleza. Así, entre estas características ideales habría que destacar:

- que proporcione las condiciones necesarias para el uso significativo de la lengua y la interacción;
- que utilice materiales reales y auténticos;
- que incluya la posibilidad de adaptarla a las distintas capacidades del alumnado;
- que utilice materiales y herramientas previamente manejados por el alumnado;
- que introduzca temas y conceptos novedosos y atractivos;
- que implique al alumno en el proceso de aprendizaje, atendiendo a sus características y necesidades; y
- en general, que tengan un carácter motivador, que sean atractivas e interesantes para el alumno.

Por último, debemos atender a unos de los preceptos más importantes que regulan el proceso de aprendizaje de una lengua en el aula: el hecho de que el procesamiento consciente del lenguaje que se produce a través de la realización de las tareas tiene como objetivo conseguir que el alumno consiga interiorizar los principios de su uso de forma inconsciente para que pueda ser utilizado en otras situaciones de comunicación de forma espontánea y natural. En otras palabras, el objetivo de las actividades que se realizan en el aula es conseguir que el conocimiento explícito se transforme en implícito, que la manipulación planificada, estructurada y recreada se termine convirtiendo en manipulación automática.

Tradicionalmente se ha venido manteniendo que la secuenciación de actividades más apropiada para favorecer este objetivo pasa por establecer una progresión que comenzaría con las actividades de carácter más controlado (preguntas directas, preparaciones grupales guiadas…), para culminar en actividades de corte menos guiado y más libre (dramatizaciones, debates…). Se trata de una progresión que favorece actividades de presentación en un primer estadio, seguido de una fase productiva y culminando con la fase interactiva (Nunan 1985). Es decir, en primer lugar encontraríamos las actividades mecánicas (rellenar huecos), más tarde las contextualizadas (conversiones o elecciones de tiempos, preposiciones, etc.), luego las significativas (respuestas a estímulos comunicativos), más adelante las semirreales (dramatizaciones), para terminar con las completamente reales (argumentaciones, discusiones, etc.). De acuerdo con el modelo escogido, parece claro que esta secuenciación estándar debe variar el orden de sus elementos, aunque también parece fuera de toda duda que todos deben estar presentes. Así, la aparición de las tareas de carácter guiado de tipo productivo (mecánicas, contextualizadas y significativas, sobre todo) podría quedar unida en su mayor parte a la fase de reflexión lingüística, mientras de las semiguiadas y libres de tipo productivo (semirreales y reales) quedarían ligadas a las fases de producción y reconstrucción textual. Las actividades de tipo receptivo podrían engarzar perfectamente con la fase de capacitación comunicativa. Ello no quiere decir en absoluto que cada una de las fases requiera una determinada clase de actividades ya que pueden incluirse en fases en las que *a priori* no parecen contar. Así, es posible que, por ejemplo, en la fase de capacitación comunicativa sea adecuado contar con actividades de carácter mecánico para anticipar, fortalecer o consolidar un elemento lingüístico necesario para conseguir esa capacitación comunicativa.

2.5. El lugar del conocimiento lingüístico

La utilización de un enfoque metodológico que implica colocar la realización de tareas como uno de sus elementos centrales asume el hecho de que el énfasis recae sobre el contenido más que sobre la forma. Los enfoques metodológicos en los que el conocimiento lingüístico ha desempeñado un papel preponderante han basado su formulación general en la importancia de la forma sobre el contenido y han estructurado sus propuestas didácticas y la puesta en práctica en el aula sobre el principio de dificultad de los elementos lingüísticos. Así, la idea ha sido la de estructurar los programas sobre el hecho de que los elementos lingüísticamente simples deben anteceder a los complejos y que la complejidad lingüística está íntimamente ligada a la complejidad de aprendizaje. No obstante, sabemos que el aprendizaje de lo que es gramaticalmente simple no tiene por qué ser fácil ni asequible. Por otra parte, este tipo de aproximación parte de una descripción del lenguaje en la que su característica fundamental es que está compuesto por una serie finita de reglas, las cuales una vez aprendidas pueden ser combinadas para la elaboración de productos significativos y plenamente comunicativos.

Vemos que esta visión del lenguaje y, por extensión, de su aprendizaje toma como elemento central los aspectos formales gramaticales. Sin embargo, la realidad no es ni mucho menos tan simple y estructurada, sobre todo porque esta visión deja de lado el hecho de que el lenguaje se utiliza para realizar una serie de funciones comunicativas que escapan a la consideración de esta perspectiva. Además, no existe una interrelación directa y unívoca entre forma y significado, ya que un mismo elemento lingüístico puede realizar distintas funciones y una misma función puede ser realizada por elementos diferentes.

De forma general, el lenguaje no puede ser considerado como un inventario de estructuras lingüísticas sino más bien como una herramienta utilizada para conseguir llevar a cabo ciertos propósitos comunicativos. Así que, independientemente del enfoque metodológico seguido, y aun cuando también se acepte la validez de asignar al conocimiento lingüístico un lugar menos preponderante en nuestra enseñanza, nos vemos obligados a prestar atención a los aspectos gramaticales, aunque ello no signifique que el conocimiento lingüístico deba ser menospreciado:

> *[...] parece ser que hoy en día se acepta mayoritariamente que las tareas de clase requieren que el alumnado se centre en el contenido. También se acepta que la gramática es un recurso esencial para utilizar la lengua de manera comunicativa (Nunan 1996, p. 13).*

Como se hacía mención en el epígrafe dedicado a la gradación de las tareas y actividades, las cuatro fases de la secuencia didáctica articulan por sí mismas su secuenciación y determinan en gran medida la naturaleza de dichas actividades. La fase de reflexión lingüística en la que prima el trabajo específico con el uso de los elementos léxicos y sintácticos fundamentalmente, en particular, se revela como la más indicada para el tratamiento y manipulación del conocimiento lingüístico ya que sugiere trabajar con actividades destinadas a la presentación y práctica de los elementos lingüísticos necesarios para la reproducción textual. Por tanto, es aquí, en esta fase, en la que es necesario manejar adecuadamente uno de los aspectos que más influencia tiene en la consecución de un grado aceptable de efectividad en la enseñanza de lenguas: el lugar que debe tener el conocimiento lingüístico y, sobre todo, el conocimiento de la gramática.

La secuenciación de las cuatro fases en este modelo permite cumplir con la premisa de enfatizar el uso de la lengua sobre su conocimiento, primando la exposición y la utilización en las fases de capacitación comunicativa y de producción textual, aplicando así el principio fundamental de que una lengua se aprende utilizándola y que el conocimiento lingüístico debe ser usado como apoyo (fase de reflexión lingüística) para conseguir que esa utilización se realice de forma correcta (fase de reproducción textual). La gramática no es ni puede ser la puerta de entrada al uso de la lengua sino un elemento fundamental para conseguir la consolidación de su uso correcto, y es por tanto en la fase de reflexión lingüística en la que este tipo de trabajo adquiere plena justificación.

Uno de los aspectos fundamentales que nos va a asegurar el tratamiento del conocimiento lingüístico de forma adecuada procede directamente de la toma de decisión sobre cuáles son los elementos lingüísticos que debemos tratar. Se podría argumentar que esta decisión debe estar basada en los resultados y conclusiones aportadas por los modelos de explicación de cómo se produce el procesamiento del lenguaje. Sin embargo, creemos que esta propuesta reproduce la tradicional visión de la estructuración gramatical en términos de dificultad-simplicidad. Por ello, parece más apropiado seleccionar los elementos gramaticales y establecer su secuenciación de aprendizaje atendiendo a otros principios. Por ejemplo, el principio de frecuencia, enfatizando los elementos lingüísticos relacionados con las funciones discursivas que tengan más incidencia y frecuencia en la comunicación, ya sea conversacional o de corte académico. En términos de uso de la lengua, la frecuencia de un determinado elemento lingüístico determina en gran medida su importancia puesto que su consecución va a posibilitar la resolución de un mayor número de problemas comunicativos (Dellar 2003). A modo ilustrativo, la gran mayoría de los tiempos verbales utilizados en el lenguaje escrito y hablado se circunscriben al uso del presente y el pasado simple. Sin embargo, tradicionalmente se ha aplicado el mismo interés y se ha utilizado el mismo tiempo para trabajar con todos los restantes en las programaciones de aula o en las de curso, dispersando la atención y disminuyendo la capacidad de práctica del alumno, lo que a la postre provoca que no se terminen por consolidar en su uso comunicativo.

Por último, pero no por ello menos importante, hay que tener en cuenta que la reflexión lingüística y el tratamiento de las reglas gramaticales tiene como principal objetivo trabajar sobre aspectos relacionados con la corrección, con la formulación de productos lingüísticamente correctos y apropiados, y por tanto se requiere una atención específica al tratamiento del error.

2.6. El tratamiento del error

Tradicionalmente el error se ha considerado como un elemento negativo, inapropiado y rechazable que había que eliminar. Para empezar no se establecía distinción alguna entre los errores que nacían de la incapacidad de conocer el uso correcto de la lengua (los llamados *errores de competencia*) de los errores producidos por un uso incorrecto de carácter temporal (los llamados *errores de actuación*). Como tampoco se diferenciaban los errores de carácter puramente lingüístico y gramatical de los relacionados con un uso inapropiado en términos pragmáticos, sociales o culturales. A partir de las aportaciones del Análisis de Errores y de la formulación de la hipótesis de la interlengua (Selinker 1972), los errores se comenzaron a ver como pruebas de que se estaba produciendo un proceso creativo, y de este modo los errores se empezaron a considerar como manifestaciones de los procesos internos que se encontraban en funcionamiento en el camino de aprendizaje de la lengua. Este último aspecto se revela entonces crucial en el campo de la enseñanza de lenguas puesto que los errores pasan de ser tomados como productos no deseables a ser considerados como informaciones de primera mano del estadio en el que se encuentra el proceso de aprendizaje del alumnado.

Uno de los aspectos de mayor relevancia en la enseñanza de lenguas se encuentra ligado a la consideración del error en primer lugar, pero sobre todo, a la naturaleza del tratamiento correctivo. El profesor se encuentra en todo momento proporcionando información al alumnado, realizando comentarios sobre su actuación como parte integrante de la interacción en el aula, a la par que utilizando algún tipo de *feedback* correctivo. La naturaleza del tratamiento correctivo y las condiciones en las que se administre tiene una gran incidencia en la progresión del alumnado ya que afecta directamente a la variable psicoafectiva y, por tanto, influye de manera notable en el proceso de aprendizaje. Una atención constante al error, por ejemplo, termina por crear sensación de fracaso y de frustración en el alumno, mientras que una consideración flexible y tolerante de los errores, dependiente de la actividad que se realice, fomenta la participación y ayuda a crear un clima relajado en el aula, por lo que se convierte en un elemento motivador de primera clase (de ahí la importancia de lo que Krashen (1982) denominó *el filtro afectivo*).

Debido a su importancia, resulta ineludible formular los principios de un tratamiento correctivo sistemático, cuyo propósito debe ser ayudar a que el alumnado progrese en el aprendizaje de la lengua de forma cómoda y eficaz. Para empezar, hemos de tener en cuenta entre estos factores: la competencia del alumno, ya que el número de errores varía sensiblemente entre alumnado con alto y bajo conocimiento de la lengua; su personalidad en lo que concierne al grado de introversión o extroversión, dado que el número de errores también variará notablemente según la cantidad de producción; el tema y contenido de la actividad, ya que el interés y el conocimiento general también incidirá en el número y naturaleza de los errores. Pero, sobre todo, debemos determinar en primer lugar cuál es el propósito y naturaleza de la actividad.

Solo así podremos identificar qué tipo de errores deben ser corregidos, cuándo deben ser corregidos y de qué forma debe llevarse a cabo el tratamiento correctivo.

En lo que concierne al *qué*, el principio básico que debe guiar el tratamiento correctivo es que este debe ser diferente si el énfasis de la tarea recae sobre la forma o si por el contrario recae sobre el contenido, es decir, si estamos trabajando para fomentar la corrección, el uso apropiado de los recursos lingüísticos, o si trabajamos para fomentar la fluidez, la transmisión del significado de forma efectiva. De forma general, se puede afirmar que la corrección del error relacionado con el uso de formas lingüísticas es aceptable en las actividades focalizadas en el tratamiento de la forma, mientras que en las actividades de fluidez los errores, siempre y cuando no interfieran en la comunicación, no suelen recibir tratamiento inmediato.

Por lo que respecta al *cuándo*, resulta difícil establecer un patrón de actuación rígido y válido para todo el alumnado en todas las circunstancias. Pero en principio se puede afirmar que, una vez decidido que se va a intervenir para impedir la repetición de un determinado error, no resulta aconsejable interrumpir al alumno en mitad de una frase, por ejemplo. Este tipo de actuación provoca frustración y es el causante de uno de los mayores peligros a los que se enfrenta la enseñanza de lenguas, la inhibición. La atención al error debe ser en todo caso pospuesta hasta que el alumno termine su producción, hasta que termine la actividad por completo, o hasta el final de la clase. Debemos, no obstante, tener en cuenta que la efectividad de la corrección puede quedar disminuida si el lapso de tiempo es excesivo, pero también que los beneficios en el ámbito psicoafectivo son lo suficientemente importantes como para considerarla.

Por último, en lo relativo al *cómo*, la primera decisión estriba en si es el profesor el que realiza la corrección, si esta labor recae en el propio alumno o si se utiliza a los demás compañeros para realizarla. Posiblemente se tienda a que sea el profesor el encargado de realizar el tratamiento correctivo, aunque las otras dos opciones se revelan como altamente efectivas: la segunda porque implica al alumno en el proceso de aprendizaje y fomenta su autonomía, y la tercera porque fomenta la autoestima en lo que respecta al uso de la lengua en el alumnado implicado en la corrección. Volviendo a la primera de las opciones, la técnica más utilizada en las actividades orales debe ser la del refraseamiento (que no una repetición) por parte del profesor, quien produce una respuesta significativamente apropiada que incluye una versión correcta del elemento lingüístico erróneamente utilizado por el alumno. Es decir, si el alumno no utiliza un tiempo verbal de forma correcta al responder a una pregunta (*«Hoy ido al supermercado») el profesor modela el uso correcto en su respuesta sin hacer mención al hecho de haber cometido un error («Ah, entonces hoy has ido al supermercado, y después ¿qué has hecho?»). Este tipo de actuación resulta muy efectiva por diversas y variadas razones ya que puede ser utilizada más o menos de forma inmediata, evita la utilización de evaluación negativa, es económica en términos de tiempo y no rompe la transmisión de información propia del acto comunicativo. El alumno por ello no percibe que está siendo sometido a ningún tipo de tratamiento correctivo de corte agresivo. Se trata de una técnica de carácter inductivo que intenta potenciar y recrear la adquisición de tipo natural, sin embargo, no implica que debamos desdeñar la posible utilización de técnicas de carácter deductivo. Así, a través de estas últimas se puede utilizar, siempre de forma retrasada, la información explícita sobre la utilización de una regla de forma incorrecta.

3. PROPUESTA DIDÁCTICA

3.1. Sugerencias prácticas para el profesorado de Español como Lengua Extranjera

A lo largo de los anteriores epígrafes hemos podido ver cómo el trabajo con los productos textuales orales y escritos, y el enfoque por tareas, sirven para estructurar y poner en práctica un tipo de enseñanza y aprendizaje que puede llegar a asegurar un notable grado de efectividad en la enseñanza de idiomas en general. En este capítulo, al hilo de lo anteriormente expuesto, parece apropiado realizar una serie de recomendaciones generales para el profesorado de ELE:

a) *Enfatizar el contenido sobre la forma, la expresión de significado debe ser prioritaria.*
Se consigue de este modo que se establezca una relación directa e indisoluble entre lengua y significado. Esta relación debe ser complementada con la creación de las condiciones necesarias para el aprendizaje formal, la reflexión sobre los recursos lingüísticos y la memorización, condiciones necesarias para expresar esos contenidos de modo correcto y efectivo.

b) *Presentar los elementos gramaticales siempre de forma contextualizada.*
Se debe abandonar la idea de que el lenguaje es un conjunto de piezas que se ensamblan para elaborar productos lingüísticos que tienen un significado y un uso. Se trata de establecer siempre una relación entre el elemento lingüístico y su uso comunicativo como paso previo a una posterior utilización espontánea y natural.

c) *Permitir que sea el alumnado el que descubra las reglas gramaticales por sí mismo, promoviendo más tarde su utilización.*
La idea es abandonar la tradicional secuencia *presentación-práctica-producción* en aras de conseguir que lo que se trabaja en el aula se automatice de forma significativa en la mente del alumno. Se pretende lograr así que se beneficien de sus habilidades innatas para el procesamiento natural del lenguaje, fomentando la exposición a la lengua y el aprendizaje de corte inductivo, en el que se interiorizan reglas y usos lingüísticos a partir del contacto con el uso real de la lengua.
d) *Fomentar la utilización, sobre todo en el lenguaje conversacional, de frases léxicas.*
El uso de frases léxicas (combinaciones de palabras que aparecen frecuentemente en la interacción social, explicaciones, formulación de preguntas, estructuración del discurso, etc.) busca promover la producción y la comprensión en situaciones comunicativas, a la par que fomenta el aprendizaje inductivo de las reglas gramaticales.
e) *Utilizar la inteligibilidad como criterio fundamental para el tratamiento del error y promover una corrección positiva y variada.*
Se consigue así reducir la ansiedad por parte del alumno con respecto a la realización de posibles errores. Una actitud tolerante respecto al error, que separa y sistematiza diferentes tipos de tratamiento correctivo según sea la actividad que se esté llevando a cabo, ayuda a prevenir que se desarrolle la tan temida inhibición del alumnado con respecto al uso de la lengua.
f) *Favorecer las actividades de tipo cooperativo (en parejas o grupos), reduciendo drásticamente el tiempo de «actuación» del profesor e intentando que el alumnado hable durante la mayor parte de la clase.*
Es posible que el alumnado no progrese mucho en términos estrictamente lingüísticos hablando entre ellos. Sin embargo, se trata de que desarrollen su capacidad para expresarse y para transmitir significado, que mejoren su fluidez, y que se contribuya de esta forma a erradicar poco a poco el miedo a usar la lengua. La interacción profesor-alumno y alumno-alumno es la forma más efectiva de potenciar la producción oral y escrita en el aula.
g) *Intentar conectar los aspectos lingüísticos entre diferentes clases o, en su defecto, dedicar tiempo a su revisión al inicio de la clase.*
De esta forma se consiguen relacionar los nuevos contenidos al conocimiento y las experiencias previas del alumnado, ligando los nuevos conceptos a lo ya aprendido. En lo que concierne a la consolidación e interiorización de los aspectos lingüísticos, estos dos procesos se producen sobre todo a través de la revisión y repetición de los mismos con propósitos diversos y en situaciones comunicativas distintas.

h) *Introducir los conceptos nuevos mediante la utilización de un variado abanico de estrategias.*
Las habilidades lingüísticas que posee el alumnado suelen limitar su aceptación de temas y contenidos novedosos. El objetivo debe ser, por ello, lograr establecer puentes de comprensión hacia ellos mediante la utilización de sus conocimientos previos y, sobre todo, de estrategias (tales como la comparación, la analogía, el contraste, la descripción, la clasificación, la formulación de hipótesis, el resumen y la utilización de mapas mentales) que les permitan participar sin dificultad en la tarea propuesta.
i) *Evitar la monotonía y ser creativo en los materiales, así como en las técnicas y actividades.*
La interacción y la participación del alumnado en las tareas propuestas se encuentran determinadas por su interés en realizarlas. La variación, la innovación y la originalidad influyen directamente en el fomento de este interés. Así, por tanto, los contenidos, técnicas y materiales utilizados deben responder a esta necesidad, requisito indispensable para que el alumno se involucre activamente.
j) *Promover la exposición a la lengua oral y escrita en sus variedades regionales y registros sociales más frecuentes.*
Se busca así evitar problemas graves de entendimiento con otros hablantes ya que un desconocimiento de las diferencias más frecuentes puede llegar a ensombrecer —e incluso hasta arruinar— un acto de comunicación a nivel profesional o social. Se trataría de promover un conocimiento básico de las diferencias en el nivel sonoro, léxico, sintáctico y pragmático.
k) *Relacionar la enseñanza de la pronunciación con la consecución de la inteligibilidad.*
La enseñanza de la pronunciación de una lengua es una tarea complicada al tener que tratar al unísono con dos niveles distintos: un micronivel en el que debemos asegurarnos el reconocimiento de las palabras y un macronivel en el que debemos ocuparnos de asegurar la fluidez necesaria para ser inteligible en términos generales. Dado también el vasto campo de aspectos que pueden ser enseñados, el objetivo debe centrarse en identificar aquellos que son prioritarios para la inteligibilidad y, por tanto, seleccionar únicamente las actividades de pronunciación que se encuentren relacionadas con la expresión del significado.
l) *Las explicaciones para el desarrollo de las actividades deben ser lo más claras posible.*
Es probable que el trabajo de preparación, ensamblaje y graduación de las actividades pueda hacernos perder la perspectiva y hacernos olvidar que

lo más importante para el alumno en un primer momento es entender lo que se le pide que realice. Por esta razón debemos cuidar al máximo este aspecto, una adecuada comprensión de las instrucciones hará que se centre directamente en la tarea, mientras que unas instrucciones complejas o confusas pueden convertirse en un obstáculo desmotivador insalvable, haciendo que pierda el interés antes incluso de haber comenzado.

m) *Definir los criterios y herramientas de evaluación, y darlos a conocer al alumnado.*

De sobra es conocido el poder de la evaluación en sus variadas facetas, como elemento de diagnóstico, de reflexión o incluso de formación. La evaluación debe poseer unas características que deben ser certeramente aquilatadas, pero al mismo tiempo debe ser utilizada como elemento motivador y facilitador del aprendizaje. Para ello, el profesor debe mostrar al alumno que los criterios están claramente definidos y son homogéneos, que se es variado en las técnicas utilizadas y que las herramientas de evaluación se aplican de forma sistemática, equilibrada y justa.

3.2. Ejemplo práctico para la enseñanza de reglas gramaticales

Uno de los principales problemas que subyace a la enseñanza de lenguas extranjeras se encuentra en la preponderancia que frecuentemente se le asigna al conocimiento de las reglas gramaticales, que, de hecho, puede hacer que se siga como verdad absoluta la premisa de que es imposible utilizar una lengua extranjera con propósitos comunicativos si no se conocen bien de antemano estas reglas (Romanelli 2009).

En el epígrafe 2.5 ya repasamos algunos de los aspectos básicos que deben ser tenidos en cuenta para que el alumno pueda llegar a interiorizar correctamente el conocimiento lingüístico para ser utilizado de forma natural en el uso comunicativo de la lengua. En este epígrafe procederemos a describir a modo de ejemplo cómo es posible combinar un tratamiento inductivo y deductivo de forma eficaz para el aprendizaje de una estructura gramatical concreta, en este caso la expresión de una función temporal con su pertinente soporte verbal.

El objetivo que se pretende alcanzar en esta ejemplificación o propuesta didáctica es que el alumnado aprenda a expresar planes, acciones que se pretenden realizar y actividades futuras. Las estructuras lingüísticas que se van a utilizar serían *voy a / vamos a / haremos (iremos a, visitaremos, etc.)*. Para ello se proponen 10 actividades con el objetivo de que al final de ellas el alumnado pueda haber interiorizado un conocimiento factual de esas estructuras y funciones y pueda entenderlas y expresarlas con corrección. La idea principal es que el alumnado se vea expuesto a un uso real de la expresión de planes y acciones futuras mientras va pasando por actividades de fácil realización que no se encuentran directamente relacionadas con la expresión de esas funciones. Así, se va acumulando gran cantidad de contacto con estas funciones lo que contribuye a que el alumnado vaya tomando cada vez más conciencia del uso de unas determinadas estructuras para poder expresarlas y para que, en su momento, se encuentre mejor equipado desde el punto de vista significativo, gramatical y pragmático para entender, producir y, en suma, asimilar la utilización de las estructuras lingüísticas adecuadas una vez que le sean presentadas de forma directa.

Actividad 1

Soporte: fotografías de una ciudad.
Actividad: decidir si pertenecen a la ciudad en particular en la que se desarrollan los audios y vídeos. Se trata de familiarizar al alumno con el contexto en el que se va a producir la toma de contacto con la lengua real, anticipando vocabulario específico de monumentos, acciones, etc.

Actividad 2

Soporte: concurso *Pasapalabra* (o similar).
Actividad: preguntar sobre aspectos culturales, monumentos, actividades, etc. que se podrían realizar en esa ciudad. En la misma línea que la anterior actividad.

Actividad 3

Soporte: audios de personas hablando de lo que van a hacer (ir de compras a…, visitar…, etc.).
Actividad: relacionar los audios con fotografías/dibujos de las actividades. Por primera vez al alumno se ve expuesto a un uso real de las funciones y estructuras gramaticales, pero solo tiene que identificar los lugares que se van a visitar o las acciones que se van a realizar.

Actividad 4

Soporte: vídeos en los que son entrevistadas personas paseando.

Actividad: identificar procedencia de los transeúntes (país, ciudad de origen...). De nuevo, el alumno va a escuchar a personas expresando sus planes para visitar la ciudad pero no existe una atención expresa a esta expresión.

Actividad 5

Soporte: vídeos en los que son entrevistadas personas paseando.
Actividad: preguntas SÍ/NO sobre si van a realizar o no una determinada actividad. Se utilizan los mismos vídeos pero, en este caso, por primera vez se enfrentan a la forma escrita de las estructuras lingüísticas y se pide que se identifique si van a realizar una determinada visita o actividad.

Actividad 6

Soporte: vídeos en los que son entrevistadas personas paseando.
Actividad: preguntas de elección múltiple (a, b, c,...) sobre la realización de determinadas actividades. De nuevo se utiliza la exposición al uso real de las funciones y estructuras avanzando en esta actividad hacia la identificación de los planes de entre varias posibilidades, lo que incrementa la exposición de su forma escrita.

Actividad 7

Soporte: actividad de rellenar huecos.
Actividad: introducir las palabras del recuadro en sus huecos correspondientes. Se trabaja con vocabulario de nombres y verbos no relacionados con la expresión de las funciones, las estructuras lingüísticas, que aparecen en el texto correctamente dispuestas. El objetivo es, de nuevo, exponer al alumno al uso correcto de dichas expresiones y en su forma escrita, pero pedirles que realicen una actividad no conectada directamente con ellas.

Actividad 8

Soporte: interacción profesor-alumno.
Actividad: preguntas aleatorias por parte del profesor sobre planes/trabajo en grupos para preparar preguntas y respuestas sobre planes. Por primera vez se le pide al alumnado que produzca de forma oral la expresión de sus

planes. Esta actividad se puede realizar en forma de preguntas directas profesor-alumno, aunque se recomienda que se preparen posibles respuestas de forma grupal a preguntas formuladas de antemano. Para esta preparación se puede contar con textos escritos de personas hablando de sus planes.

Actividad 9

Soporte: actividad tradicional de rellenar huecos.

Actividad: adaptar el infinitivo del verbo que aparece en paréntesis para utilizar las estructuras lingüísticas de expresión de los planes correctamente. Se trata de una actividad dirigida a mejorar la corrección. El objetivo es utilizar la atención expresa a la forma para corregir los errores en el uso de las estructuras que se han producido en la primera producción. Se trata de una actividad para fomentar la reflexión lingüística en la que esta atención se ve complementada con la explicación directa de la construcción de las estructuras gramaticales, de sus usos y de sus funciones. También de forma comparativa con la misma expresión en la lengua materna.

Actividad 10

Soporte: actividad en grupos.

Actividad: el alumnado prepara minientrevistas en las que se preguntan unos a otros sobre actividades que pretenden hacer en distintas ciudades. El objetivo es doble: en primer lugar, se ofrece la oportunidad al alumnado de una segunda producción para que puedan poner en juego la consolidación del uso correcto de las funciones y estructuras; y en segundo lugar, se posibilita un uso de la lengua extranjera lo más real posible, dentro de las limitaciones contextuales del aprendizaje en el aula. La actividad puede verse complementada con la expresión por escrito de esos planes.

4. TEMAS PARA LA REFLEXIÓN

En este último apartado repasaremos dos aspectos sobre los que es necesario reflexionar puesto que poseen una importancia crucial para la consecución de resultados en la enseñanza y el aprendizaje de una lengua extranjera: la creación de una interacción adecuada y el tratamiento de la diversidad en el aula.

4.1. La interacción en el aula

El fortalecimiento de la interacción comunicativa en el aula es básico, en sus dos niveles: tanto en el nivel de la interacción conversacional como en el de la académica. Debemos desembarazarnos de una actuación preponderante del profesor y tender a una interacción más o menos equilibrada y, si es posible, que haga predominar la participación del alumnado. En la interacción oral, tradicionalmente es el profesor el que determina el tema sobre el que hablar y el que inicia la mayoría de las preguntas, peticiones y comentarios. Como resultado, el alumno se ve relegado a desempeñar un papel pasivo, contestando a las preguntas y realizando las instrucciones encomendadas, lo que incluso dentro del ámbito puramente lingüístico a la larga termina provocando que sus estructuras sintácticas sean más simples y que los significados que puedan llegar a expresar sean de una variedad limitada (Gardner y Lambert 1972). Debemos evitar, por tanto, que el profesor domine la mayor parte de la interacción.

La interacción en las aulas de lenguas se revela como un aspecto crucial del aprendizaje ya que la lengua se convierte al mismo tiempo en el objeto de estudio y en el medio de aprendizaje (Tsui 2001). Cuando el alumnado escucha los comentarios y las instrucciones del profesor, responde a sus preguntas, formula las suyas propias, expone sus opiniones, etc., no solo se encuentra aprendiendo esa lengua sino que la está utilizando como vehículo de comunicación.

Para ello deben favorecerse actividades en las que se fomente la participación del alumnado. En particular las de tipo grupal, en las que se trabaja en pequeños grupos buscando, compartiendo o elaborando información, y en las que el profesor puede actuar como apoyo pero interviniendo lo menos posible; las de tipo colaborativo, del mismo tipo que del mismo tipo que las grupales, pero realizadas normalmente en parejas o en grupos pequeños, con el profesor interviniendo solo en ocasiones excepcionales; o las de tipo simultáneo para toda la clase, en las que se debate o se realiza una tarea de forma conjunta, siendo la labor del profesor la de estimular la participación. La utilización de este tipo de actividades cambia totalmente la naturaleza de la interacción e incrementa enormemente la cantidad de lengua utilizada por el alumnado. Frente a la forma de actuar clásica en la que el profesor estructura y determina la dirección de la interacción, supone que el alumnado asume la responsabilidad de gestionar la interacción por sí mismo, solicitando la colaboración de otros e intentando integrar a quienes la participación les supone mayor esfuerzo.

El trabajo grupal y colaborativo debe tener en cuenta una serie de factores que pueden llegar a invalidar su efectividad si no son abordados convenientemente. Así:

- debemos asegurarnos de que la clase al completo se encuentra habituada a ser dividida y a trabajar en grupos pequeños e incluso en parejas;

- las tareas con sus correspondientes instrucciones deben quedar meridianamente claras para el alumnado, así como su temporalización;
- el alumnado necesita saber por qué las tareas que se persiguen son útiles e interesantes para ellos;
- debemos hacer notar que este tipo de trabajo implica la participación de todo el grupo, evitando actividades que puedan ser completadas de forma individual por alguno de sus componentes.

Esta labor de potenciación de la actividad por parte del alumnado, sin embargo, no significa que el profesor deba *desaparecer* del aula sino que debe fomentar actuaciones que contribuyan a esta participación. Por ejemplo, mediante la utilización de:

a) peticiones de confirmación, en las que repite o parafrasea lo que el alumno ha dicho previamente (por ejemplo «¿has dicho…?»);
b) peticiones de clarificación, utilizadas cuando se estima que algún alumno puede no entender lo que otro alumno ha dicho («¿qué quieres decir?»);
c) peticiones de repetición, simplemente pidiendo que se repita lo comentado («perdona, ¿puedes repetir eso?»); y
d) comprobaciones de que se ha entendido lo dicho («¿vale?», «¿de acuerdo?», «¿ha quedado claro?»).

4.2. Clases heterogéneas

A las diferencias que emanan del género, los distintos entornos sociales, la personalidad, la aptitud, los estilos de aprendizaje y un número cuantioso de factores con influencia variada, hay que añadir la variable de mayor incidencia, la diversidad que proviene de las distintas competencias, sobre todo lingüísticas (Skehan 1989). Ello nos obliga a programar nuestra enseñanza para satisfacer diversas necesidades, intentando salvar las dificultades que encontramos para elegir temas, diseñar actividades y escoger materiales que sean útiles y efectivos para todo nuestro alumnado (Ur y Wright 1992; Marsland 1998).

Se suele determinar que la atención correcta a esta diversidad en las clases de lengua pasa por tratar de forma adecuada la selección de contenidos y actividades (Bell 1994). En particular, parece obvio que nuestro primer interés debe centrarse en proporcionar una programación didáctica en el aula suficientemente flexible y adaptable, una especie de programación matriz a la que se añaden contenidos y actividades complementarias y opcionales. Así, por ejemplo, si estamos trabajando con un texto escrito u oral en el que la comprensión de los elementos lingüísticos relacionados con el vocabulario y las estructuras sea necesaria para la realización de la tarea, se deben ofrecer actividades opcionales para el alumnado que deba compensar un hipotético déficit lingüístico, así como para el alumnado más aventajado. Ello implica dedicar una mayor atención a la planificación y conseguir que obtengan una percepción clara de su propio nivel, lo que les permitirá escoger de forma rápida y cómoda las actividades más adaptadas a sus necesidades (Krahnke 1987).

La programación debe identificar claramente las áreas que nuestro alumnado debe trabajar y mejorar, y al mismo tiempo seleccionar contenidos susceptibles de ser abordados por tareas y actividades de distinto nivel cognitivo y lingüístico (Prodromou 1992). La utilización de contenidos interesantes y variados como base para el diseño de las actividades se convierte en el elemento dinamizador necesario para estimular la práctica de la lengua del alumnado más y menos avanzado. Además, resulta esencial que el profesor regule la utilización de los elementos correctivos e intente eliminar los comentarios negativos con el alumnado menos avanzado. Se trata de un principio válido para todo tipo de clases, pero que adquiere especial relevancia en las clases heterogéneas, en las que fácilmente se pueden provocar sentimientos de vergüenza y frustración en los menos avanzados.

Por lo que respecta a los materiales óptimos para la confección de las actividades y tareas, debemos partir de la premisa de utilizar aquellos que despierten su interés y que sirvan para estimular su conocimiento lingüístico y cultural general, así como para activar la interacción en sus diferentes niveles (MacDonough y Shaw 1993). Deben ser evidentemente diferentes, de tipo graduado, en la idea de que el alumnado debe conseguir realizar la misma tarea mediante el uso de materiales más simples o más complejos, según sean sus necesidades y aptitudes. Y esta diferenciación debe plasmarse en términos de cantidad y en términos de dificultad de la habilidad y la actividad requeridas (Ur 1996). No obstante, la utilización de materiales diversos y adaptados demanda un gran esfuerzo de preparación por parte del profesor. A veces, por tanto, puede resultar efectivo utilizar los mismos materiales pero utilizando tareas abiertas, es decir, haciendo cambiar la tarea encomendada a los distintos tipos de alumnado.

La enseñanza en clases heterogéneas debe sustentarse en el trabajo en grupos mixtos, descartando la separación grupal por niveles y competencias. Aun cuando se pueda estimar conveniente trabajar de forma separada con el alumnado más avanzado y con el menos avanzado, lo ideal es que se encuentren mezclados. Este tipo de organización puede conllevar que los alumnos más avanzados piensen que no están aprendiendo suficientemente puesto que se ven ralentizados por los menos avanzados, quienes a su vez se sienten incapaces de seguir el mismo ritmo y progresión. Por tanto, se debe evitar que el trabajo en grupos se convierta en una forma de estimular la participación del alumnado avanzado mientras que los menos avanzados se limitan a observar. Para ello, debemos reforzar el papel de aquellos más avanzados como organizadores de las tareas y como guías para su realización, promoviendo la planificación de tareas y actividades que requieran un trabajo de interdependencia. De esta forma, enfatizando el trabajo colaborativo ya mencionado, ayudamos a que este tipo de alumnado perciba ese trabajo de forma productiva y no como una pérdida de tiempo.

5. BIBLIOGRAFÍA BÁSICA COMENTADA

Harmer, J. (2015): *The Practice of English Language Teaching*. Harlow: Longman.

Nos encontramos ante todo un clásico (su primera edición data de 1994) en la bibliografía específica para el profesorado de inglés en la que se pueden encontrar desde una revisión de los fundamentos del lenguaje y de las distintas teorías que han abordado la descripción de la propia lengua y los fundamentos de su enseñanza, hasta una visión sociológica y psicológica de lo que supone esta enseñanza, pasando por propuestas relacionadas con la promoción de la autonomía del alumno, la enseñanza de los distintos componentes del lenguaje, el uso de recursos multimedia y asistidos por ordenador, la elaboración de unidades didácticas, la elección de libros de texto y de materiales o la evaluación. En esta última edición, además, se incluye un DVD que contiene filmaciones de profesorado en distintos países junto con pequeños documentales sobre las técnicas que emplean o el uso de la lengua materna en el aula. El libro está divido en nueve partes. En la primera se analiza en dos capítulos distintos la importancia actual del inglés y se describen sus distintos componentes (gramática, vocabulario, sonidos, etc.). En la segunda se adentra en la descripción de los factores que caracterizan a los distintos tipos de alumno y en el análisis de los roles del profesor. En la tercera pasa a evaluar las distintas teorías y métodos en la enseñanza de lenguas extranjeras, revisando elementos centrales en la metodología como el uso del PPP, el aprendizaje por tareas, el enfoque léxico o, en un capítulo diferente, la atención al error. La cuarta parte está enfocada a cómo organizar la clase, manejar los problemas y utilizar los recursos que nos ofrece la tecnología educativa. En la quinta se centra en lo que supone la manipulación del lenguaje por el alumnado y la enseñanza de la pronunciación. La sexta parte nos muestra los principios para enseñar las destrezas una a una y la utilización del video en la clase. En la séptima parte se describen los distintos tipos de programas y libros de texto y se abordan los fundamentos para la elaboración de secuencias didácticas. La parte octava está totalmente enfocada a la evaluación. Y, por último, la parte novena se centra en el desarrollo del aprendizaje autónomo y en el del propio profesor. En su conjunto, nos encontramos ante una de las mejores guías para el profesor de lenguas extranjeras, tanto por la amplitud de los contenidos tratados como por la estupenda combinación entre la revisión de fundamentos teóricos y metodológicos y la aplicabilidad práctica de sus sugerencias.

Lightbow, P. M. y Spada, N. (1993): *How Languages Are Learned*. Oxford: Oxford University Press.
Se trata de un clásico en el ámbito de la enseñanza de lenguas extranjeras. Se encuentra especialmente dirigido a profesorado de lenguas extranjeras interesados en contrastar sus intuiciones, conocimientos y experiencias con la realidad emanada de las evidencias científicas a partir de la investigación educativa. La idea que en él subyace es, asimismo, que no es posible abordar la enseñanza de lenguas extranjeras de forma efectiva si no se conocen los fundamentos de su adquisición. Así, el libro comienza revisando los principios de la adquisición de lenguas a través del prisma de las posiciones conductictas e innatistas para pasar a analizar las principales teorías que han intentado explicar los procesos de adquisición y aprendizaje de lenguas. Posteriormente nos ofrece un estupendo análisis de la influencia de los distintos factores personales (inteligencia, aptitud, personalidad, motivación, estilos de aprendizaje, etc.) en el aprendizaje de una lengua extranjera. Uno de sus capítulos más relevantes es en el que se adentra en los principios de la instrucción en el aula, aportando como herramienta de gran utilidad una serie de propuestas para que esta se lleve a cabo de forma efectiva. Pero, sin duda, el capítulo que más utilidad ofrece al profesor de lenguas extranjeras es el último de ellos, en el que se dedica a analizar a la luz de los resultados de la investigación educativa una serie de ideas populares y de concepciones erróneas asentadas en la práctica común de muchos profesores, tales como que la mayoría de los errores provienen de la lengua materna, que las reglas gramaticales deberían ser explicadas antes de exponer al alumnado a su uso comunicativo o que los errores deben ser corregidos inmediatamente para prevenir su posterior aparición, por poner solo algunos ejemplos significativos de estas falsas creencias.

Richards, J. C, y Rodgers, T. S. (1986): *Approaches and Methods in Language Teaching*. Cambridge: Cambridge University Press.
Todo un clásico en el ámbito de la enseñanza de idiomas que, pese a su antigüedad, todavía constituye una referencia inigualable para entender la

evolución de los enfoques y métodos que han aparecido a lo largo de la historia. Su lectura resulta particularmente conveniente en un momento en el que el profesorado de idiomas tiene a su disposición una gran cantidad de directrices metodológicas y materiales entre los que a veces resulta difícil discernir los que puedan ser eficaces para sus contextos, necesidades y objetivos particulares. Para poder valorar y sopesar de forma crítica las diferentes propuestas es necesario conocer las características particulares de los enfoques y métodos en los que se basan, un conocimiento que este volumen sigue ofreciendo con claridad y concisión a pesar de los años. Sus autores han puesto un especial cuidado en revisar a conciencia cuáles han sido los enfoques y métodos preponderantes para poder entrever las causas de su éxito o fracaso. En el primer capítulo nos acercan a una breve historia de la enseñanza de idiomas; en el segundo, a la naturaleza de los distintos enfoques y métodos; en el tercero, al enfoque oral y la enseñanza situacional de la lengua; en el cuarto, al método audiolingüístico; en el quinto, a la enseñanza comunicativa; en el sexto, a la respuesta física total (*Total Physical Response, TPR*); en el séptimo, a la vía silenciosa (*Silent Way*); en el octavo, al aprendizaje comunitario (*Community Learning*); en el noveno, al enfoque natural (*Natural Approach*); en el décimo, a la sugestopedia; para terminar en el undécimo con una comparación comentada entre los distintos métodos. Aparte de los contenidos propiamente dichos, resulta de gran utilidad el paradigma usado por los autores mediante la aplicación de un mismo marco descriptivo (explicado en el capítulo 2) para todos los capítulos, que se analizan de acuerdo con las teorías lingüísticas y de aprendizaje que los sustentan y con las estrategias utilizadas por el profesorado.

Richards, J. C. (2011): *Competence and Performance in Language Teaching.* Cambridge: Cambridge University Press.
Más que de un libro, entendido a la manera clásica, se trata de un documento en el que se condensa una gran cantidad de contenidos muy útiles para el profesor de lenguas extranjeras, resumidos en diez elementos o áreas esenciales que el profesor debe tener en cuenta para desarrollar su labor con éxito. Los dos primeros temas se encargan de revisar las capacidades que debe poseer el profesorado, como conocedor de la lengua y como transmisor de contenidos. En el tercero se recorren las técnicas de gestión del aprendizaje en el aula que el profesor debe poseer: introducir y trabajar las tareas, comprobar el aprendizaje del alumnado, guiarlo en el desarrollo de las actividades o monitorizar el uso del lenguaje. En el cuarto y quinto de los puntos se detallan las características multiculturales y de adaptabilidad al contexto que también deben ser parte integrante de las competencias del profesor. El sexto de los puntos se adentra en la exposición de las estrategias

necesarias para que el profesor realice de forma real y efectiva una enseñanza centrada en el alumno y que les proporcione las condiciones adecuadas para la interacción y el uso continuado de la lengua extranjera en el aula. El séptimo tiene como objetivo desarrollar una conciencia crítica por parte del profesorado con respecto al uso de los métodos y los materiales. En el octavo se ofrecen las claves para que el profesor conecte sus creencias e intuiciones con la experiencia acumulada, con el objetivo de conseguir elaborar una aproximación teórica y práctica más apropiada. El punto noveno se encuentra dirigido a fomentar la conciencia grupal y las estrategias de colaboración entre el profesorado como una herramienta de desarrollo profesional y de mejora de la calidad de la enseñanza. Finalmente, el último de los puntos abordados, el décimo, tiene como objetivo promover en el profesorado una conciencia profesional, entendida como la capacidad para entender que su trabajo requiere una especialización de partida que debe ser aumentada y puesta al día por medio de la formación continua y de la reflexión sobre la experiencia acumulada. El libro termina con un acertado capítulo de conclusiones en las que se refinan las ideas más orientadas a la práctica que han sido revisadas a lo largo de los diferentes capítulos. A la par que por su innegable valor como visión objetiva de la naturaleza y características de todos estos enfoques y métodos, resulta destacable el último capítulo en el que se apunta de una manera más personal a las posibles limitaciones de cada uno de ellos y en el que se anima al profesorado a tomar sus propias decisiones de acuerdo con sus propios contextos y necesidades.

UR, P. (1996): *A Course in Language Teaching.* Cambridge: Cambridge University Press.
Otro clásico en la bibliografía sobre enseñanzas de lenguas extranjeras que, en este caso, destaca por la cantidad de sus contenidos, por la minuciosidad con que los trata y, sobre todo, por la originalidad en la presentación ya que incluye una aproximación teórica apoyada en la observación y la experiencia, con comentarios, preguntas al lector y ejemplificaciones prácticas. El libro puede ser utilizado tanto como un curso para la formación del profesorado como guía para el profesorado ya en activo. Se encuentra dividido en varias partes, ocho en total, cada una de las cuales se divide en varios módulos y estos, a su vez, en distintas unidades. La primera parte se centra en el proceso de aprendizaje y, en particular, en el uso de las explicaciones, las actividades prácticas y la evaluación. En la segunda parte se aborda el «qué» de lo que hay que enseñar: pronunciación, gramática y situaciones, funciones y nociones; y en la tercera, el «cómo»: la enseñanza de las distintas destrezas. En la cuarta parte se tratan el diseño de programaciones, la utilización de los materiales y la selección de los contenidos. Ya en la quinta parte

se ofrecen sugerencias sobre la planificación de las secuencias didácticas, el fomento de la interacción en el aula y la utilización de retroalimentación (*feedback*). La parte sexta se dedica a repasar las diferencias esenciales entre aprendices: motivación e interés, las diferencias de edad y las clases heterogéneas. Para terminar, la parte séptima se dedica a indagar sobre lo que significa el desarrollo profesional del profesor. De especial importancia resulta el epígrafe inicial sobre la filosofía educativa (*rationale*) que anima a este volumen, en el que se definen conceptos clave como qué significa formar al profesorado, la relación entre teoría y práctica, los modelos de aprendizaje o el papel del profesor de lenguas extranjeras. Como ya se ha apuntado, una de sus principales virtudes se encuentra en la combinación entre la información ofrecida, las tareas que se plantean y el estudio y la reflexión que se proponen a partir de ejemplos reales de enseñanza y de su observación. El lector se ve en todo momento tratado como parte activa al verse expuesto a preguntas, comprobaciones, análisis continuos. Todo ello hace que, pese a no ser un manual muy reciente, todavía constituya una magnífica guía para el profesorado de lenguas extranjeras.

WOODWARD, T. (2001): *Planning Lessons and Courses*. Cambridge: Cambridge University Press.
Este libro constituye un estupendo complemento a manuales de carácter más puramente metodológico puesto que se centra en el tratamiento de las cuestiones reales que preocupan al profesorado a la hora de planificar cursos y clases. Aparte de la idoneidad de este tema para el profesorado de lenguas extranjeras, destaca por su carácter práctico puesto que cada capítulo proporciona un análisis del tema que se aborda junto con sugerencias prácticas y ejemplos de actividades, mezclando las propias ideas de la autora con una invitación al lector a participar en la reflexión por medio de estas actividades prácticas. Lo reseñable, por tanto, es que se trata de un libro único por su temática, pero a la vez por poner al lector en el papel de observador de las experiencias que se muestran sobre cómo diseñar secuencias didácticas de larga y de corta duración. Además, este efecto se consigue mediante un análisis simple y realista de las situaciones, consiguiendo transformar lo que podría ser una simple exposición de ideas en un proceso creativo por parte del lector. Cada capítulo se centra en cuestiones de aplicación práctica en la vida real del profesor, tales como el perfil de los estudiantes, la duración de una clase, cómo tratar los contenidos, las dificultades de aprendizaje del alumnado, cómo enseñar, las características de los materiales, cómo planificar, los problemas más comunes en la planificación, o cómo crear y adaptar actividades. En cada uno de los capítulos el lector puede encontrar reflexiones y análisis críticos sobre la enseñanza que proponen algunos pro-

fesores junto con un gran número de principios de aplicación práctica. En suma, se trata de un libro de gran utilidad para el profesorado novel que quiere basar su trabajo de planificación en principios bien establecidos y de efectividad contrastada, así como para profesorado con experiencia que busca contrastar sus intuiciones con unos buenos fundamentos.

CAPÍTULO 4

EL *MCER* Y
EL *PLAN CURRICULAR* DEL IC

• Carmen F. Blanco • Linda Garosi • Giorgia Marangon •
• Francisco José Rodríguez Mesa •
Universidad de Córdoba

1. CONTEXTUALIZACIÓN Y DEFINICIÓN DEL *MCER*[1]

Desde el final de la II Guerra Mundial se ha vivido una etapa de florecimiento de las organizaciones supranacionales que, desde distintas perspectivas y con diversos ámbitos de actuación, han buscado contribuir a la cooperación y fomentar los intercambios entre los países. Como consecuencia del devenir histórico de la primera mitad del siglo pasado, el continente europeo ha sido el más fértil en el surgimiento de estas organizaciones de cooperación. Este fenómeno, combinado con el hecho de que el viejo continente encierra una variedad lingüística notable en relación con su extensión, produjo una toma de conciencia prácticamente inmediata entre los miembros de estas sociedades supranacionales acerca de la importancia del conocimiento de las lenguas extranjeras y, por ende, de todo lo que tiene que ver con su enseñanza.

A lo largo de la segunda mitad del siglo XX, los intercambios entre los distintos países europeos, al amparo de las medidas tomadas en el seno de los organismos supranacionales, se intensifican y comienzan a afectar, no solo a la vida profesional de algunas personas, sino también, potencialmente, al aspecto formativo de buena parte de la población de estas naciones[2]. Fue precisamente en el marco de una de estas instituciones en la que se gestaron los orígenes del *Marco Común Europeo de Referencia para las Lenguas (MCER),* concretamente en el simposio internacional que, bajo el Consejo de Europa, organizaron las autoridades federales suizas en el año 1991 y en la localidad de Rüschlikon con el título «Transparencia y coherencia en la enseñanza de lenguas en Europa: objetivos, evaluación, certificación». En este encuentro, los representantes de los distintos países miem-

---

[1] Los apartados 1 y 2 han sido elaborados bajo la responsabilidad del Prof. Dr. Francisco José Rodríguez Mesa.

[2] Piénsese, por ejemplo, en la creación del programa Erasmus en 1987 y en la integración de este, en 1995, en el más amplio programa Sócrates.

bros del Consejo de Europa adquirieron un compromiso para regular, de modo común y extrapolable a todos los Estados que conforman la organización, las directrices que condicionan la enseñanza de lenguas en Europa.

Tras una década de investigaciones, los frutos más significativos de estos acuerdos se materializaron con la publicación, por parte del Consejo de Europa, de un documento titulado *Marco común europeo de referencia para las lenguas: aprendizaje, enseñanza, evaluación*[3]. Dicho documento vio la luz en el año 2001, coincidiendo con la efeméride del año europeo de las lenguas, cuyo principal objetivo no era otro que el de «intensificar y diversificar la enseñanza de lenguas en Europa, para que los europeos puedan hacer frente a los retos que plantea una realidad cada vez más plurilingüe y multicultural»[4]; con este fin se proponen dos instrumentos fundamentales: el *MCER* y el *Portfolio* europeo.

Desde su publicación en todos los ámbitos del mundo educativo se ha hablado mucho del *MCER* pero, ¿qué es exactamente el *Marco común*? Su misma denominación hace ver que se trata de un elemento de referencia común, por lo que contiene una base descriptiva que consiste en una serie de competencias comunicativas extrapolables a todas las lenguas. Estas, no obstante, se presentan estructuradas en distintos niveles, en cada uno de los cuales se explicitan los objetivos, los contenidos y los métodos. Asimismo, en estos elementos se engloba el componente cultural de la lengua en la que se centra el aprendizaje, ingrediente de capital importancia si se tiene en cuenta que la principal finalidad que persigue el proceso de enseñanza-aprendizaje de lenguas a través del *MCER* es la de «promover la formación de ciudadanos europeos plurilingües y pluriculturales, aptos para la movilidad, los intercambios y la colaboración con otros ciudadanos europeos» (García Doval *et al.* 2004, p. 76).

Al nacer con un propósito tan amplio a la par que ambicioso, el documento incide en las actividades de todos los agentes involucrados en el proceso de enseñanza-aprendizaje de lenguas, desde el nivel más visible y concreto —materializado en el profesorado y el alumnado—, a las autoridades educativas, pasando por los diseñadores de los cursos o los materiales, los formadores de profesorado o los examinadores que, a partir de este momento, tendrán una

---

[3] El texto original, redactado en inglés y titulado *Common European Framework of Reference for Languages: Learning, Teaching, Assessment*, fue publicado en 2001 por Cambridge University Press y está disponible en la página web del Consejo de Europa: http://www.coe.int/t/dg4/linguistic/source/framework_en.pdf. La versión en español fue publicada al año siguiente por parte del Instituto Cervantes en colaboración con la editorial Anaya y está disponible en http://cvc.cervantes.es/ensenanza/biblioteca_ele/marco/cvc_mer.pdf.

[4] La cita pertenece a la «Presentación» que aparece en el portal del Instituto Cervantes el año europeo de las lenguas (2001), vid.http://cvc.cervantes.es/ensenanza/biblioteca_ele/lenguas_2001/a_europeo.htm.

base común para desarrollar sus tareas. En otras palabras, el documento nace con la pretensión de convertirse en el material curricular por antonomasia para el aprendizaje, la enseñanza y la evaluación de lenguas en Europa[5].

2. PRINCIPALES COMPONENTES DEL *MCER*

Sin duda, una de las mayores novedades que entraña el *MCER* con respecto a enfoques o intentos clasificatorios anteriores es su concepción del hablante —y, por ende, del estudiante de lenguas— como un agente social; esto es, como un individuo que vive en el seno de una comunidad en la cual tiene que desarrollar una serie de tareas que le son necesarias para poder desempeñar su vida. Naturalmente, para llevar a cabo estas actividades el individuo tendrá que servirse de sus destrezas y conocimientos lingüísticos (entre otros), por lo que se puede decir, como opina García Santa-Cecilia (2004), que en el *MCER* se parte «de la base de que los actos de habla se dan en actividades de lengua que forman parte de un contexto social más amplio que por sí solo puede otorgarles pleno sentido»[6].

La dimensión teórica que subyace al modelo centrado en la acción no es, ni mucho menos, exclusiva del *MCER* y ni tan siquiera nace en el ocaso de la centuria pasada. Muy al contrario, encuentra su germen en estudios lingüísticos que brotaron a lo largo del siglo XX, entre los que destaca el segundo Wittgenstein de las *Investigaciones filosóficas* que, como bien señala Bustos Guadaño (2000, p. 522), enseña «a considerar el lenguaje humano bajo un nuevo prisma, como una realidad social y comunicativa en vez de un puro sistema de representación del mundo y de nuestro conocimiento de él», razonamiento que se encuentra en la base de los presupuestos de la pragmática, que florecerá pasado el ecuador del siglo.

Por lo que se refiere al *MCER*, la concepción del hablante como agente social implica la concepción de la lengua en una dimensión social, de manera que se confiere una importancia notable, no solo a los factores lingüísticos de la comunicación, sino también a los componentes extralingüísticos de la misma, así como a las «características y competencias individuales de quienes participan en los intercambios comunicativos», como señala García Santa-Cecilia (2004). Es precisamente por este motivo por el que hemos aducido los antecedentes teóricos de

---

[5] Recordemos en este sentido que el Instituto Cervantes, en su *Diccionario de términos clave de ELE* define los materiales curriculares como «recursos de distinto tipo […] que se emplean para facilitar el proceso de aprendizaje» (http://cvc.cervantes.es/ensenanza/biblioteca_ele/diccio_ele/diccionario/materialescurriculares.htm).

[6] La cita pertenece a la comunicación presentada por Álvaro García Santa-Cecilia en el III Congreso Internacional de la Lengua Española: Identidad Lingüística y Globalización, consultable en el portal del Instituto Cervantes (vid. García Santa-Cecilia 2004, en la bibliografía final).

Wittgenstein y la pragmática, puesto que la concepción de los actos de habla de estos autores es esencial para entender la trascendencia y las dimensiones que el *MCER* pretende abarcar.

A propósito de estas dimensiones, el documento presenta un planteamiento de actuación dual, con dos esferas netamente diferenciadas, pero que coexisten entre sí y se complementan e interactúan. La primera de ellas es una dimensión entendida verticalmente y que es la encargada de estructurar y secuenciar las distintas etapas de progreso del estudiante de lengua; la segunda, se concibe en términos horizontales y engloba las distintas categorías descriptivas del uso de la lengua, así como los fenómenos que intervienen en ella.

2.1. La dimensión vertical: los niveles comunes de referencia

Probablemente, la dimensión vertical del *MCER* constituya el fenómeno más ampliamente conocido entre la comunidad educativa. Según el documento, el proceso de enseñanza-aprendizaje de una lengua es susceptible de ser dividido en tres estadios: A, B y C que, a grandes rasgos, coinciden con la división tradicional en nivel elemental, intermedio y avanzado. Asimismo, cada una de estas tres etapas se subdivide en otras dos, denominadas 1 y 2, para conformar los seis niveles del *Marco* que estructuran el recorrido de la interlengua del hablante desde el completo desconocimiento de la lengua objeto de estudio hasta su total dominio[7]:

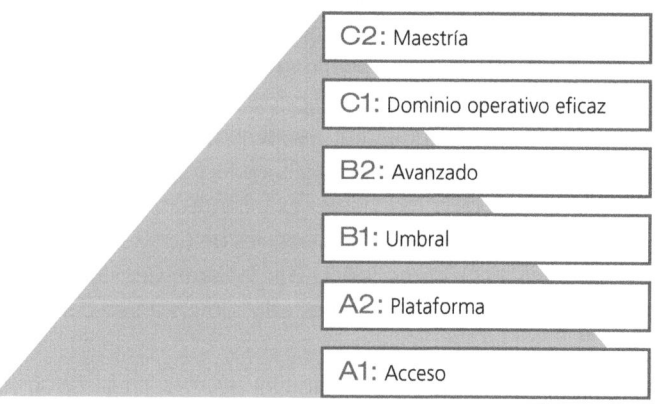

Con respecto a esta estructuración en seis fases, la experiencia docente permite realizar algunos matices:

---

[7] Remitimos a Llorián (2007) para una panorámica mucho más detallada del uso del *MCER* en el aula por parte del docente.

- Hay que tener en cuenta que los seis niveles no son homogéneos en términos de duración; así pues, generalmente el alumnado progresa de un modo más veloz en los primeros estadios y suele hacerlo con más dificultad en los intermedios[8];
- Rara vez las destrezas comunicativas del estudiante de lengua consienten una ubicación unívoca y global en un solo nivel, puesto que lo normal es que haya determinadas destrezas que se desarrollen con mayor facilidad o que alcancen cotas más elevadas que otras[9];
- Relacionado con el punto anterior, cabe la posibilidad de que el hablante —conscientemente y atendiendo a necesidades propias— modifique el aprendizaje integral de las destrezas que componen cada nivel resultando de ello una escala irregular que, no obstante, no dejaría de remitir al *Marco*.

2.2. La dimensión horizontal: las categorías de uso de la lengua

Frente a la evolución de conocimientos y destrezas de la dimensión vertical, la dimensión horizontal del *MCER* está formada por una serie de elementos —lingüísticos o no— implicados en todo acto comunicativo. Según la versión española del documento (Instituto Cervantes 2002, p. 9):

> *El uso de la lengua —que incluye el aprendizaje— comprende las acciones que realizan las personas que, como individuos y como agentes sociales, desarrollan una serie de competencias, tanto generales como competencias comunicativas lingüísticas, en particular. Las personas utilizan las competencias que se encuentran a su disposición en distintos contextos y bajo distintas condiciones y restricciones, con el fin de realizar actividades de la lengua que conllevan procesos para producir y recibir textos relacionados con temas en ámbitos específi-*

---

[8] Aunque es muy arriesgado hacer aseveraciones taxativas de este tipo, puesto que en el recorrido del estudiante de lengua extranjera intervienen innumerables factores difícilmente identificables y cuantificables en su totalidad, con referencia a la enseñanza de español como LE, García Santa-Cecilia (2004) afirma algo que creemos extrapolable a otras lenguas y con lo que concordamos plenamente, y es que «la experiencia demuestra que un alumno puede tardar más del doble de tiempo en alcanzar el nivel B1 desde el A2 que el que necesitó para alcanzar el A2 desde el A1».

[9] Cabe decir que en este aspecto intervienen tanto fenómenos inherentes al proceso mismo de aprendizaje (material utilizado, ambiente de aprendizaje) como factores externos (motivación, distancia entre la lengua materna y la lengua estudiada, finalidad con la que se aprende la lengua, contacto del estudiante con elementos de la cultura de la lengua estudiada).

> *cos, poniendo en juego las estrategias que parecen más apropiadas para llevar a cabo las tareas que han de realizar. El control que de estas acciones tienen los participantes produce el refuerzo o la modificación de sus competencias*[10].

El documento hace hincapié en la importancia de ocho categorías enunciadas en este fragmento:

- Las *competencias* o conjunto de saberes que permiten a una persona llevar a cabo un determinado acto. Estas, a su vez, pueden ser:
  - Generales o extralingüísticas;
  - Comunicativas o relacionadas con la lengua y, por consiguiente, lingüísticas, sociolingüísticas y pragmáticas;
- El *contexto* o conjunto de factores, tanto internos como externos al hablante, en que se encuadra un determinado acto comunicativo;
- Las *actividades de lengua* o la puesta en marcha de un conjunto de saberes lingüísticos por parte del hablante para enfrentarse a un acto comunicativo. Estas actividades son: expresión oral y escrita; comprensión auditiva, de lectura y audiovisual; interacción oral y escrita y, por último, mediación oral y escrita;
- Los *procesos* o mecanismos neurológicos o fisiológicos que todo acto comunicativo conlleva;
- El *texto*, entendido en términos lingüísticos como cualquier tipo de enunciado (oral o escrito), que puede ser considerado como fin o medio en un acto comunicativo;
- El *ámbito* o sector de la vida social donde actúa el hablante. En este sentido, el documento habla de cuatro categorías: los ámbitos educativo, profesional, público y personal;
- Las *estrategias* o conjunto de habilidades (lingüísticas o no) que el hablante utiliza para superar una tarea;
- Las *tareas* o cualquier tipo de acción considerada como necesaria para la consecución de un determinado fin.

Aunque, como se ha dicho, todos estos elementos están imbricados en el acto comunicativo, solo algunos de ellos son susceptibles de modular e incluso cuantificar el conocimiento de una lengua que un determinado hablante posee. En efecto, de acuerdo con este juicio, entre las ocho categorías descritas son solo tres las utilizadas como indicadores en la dimensión vertical

---

[10] Para la aplicación por parte del Instituto Cervantes de estos elementos a la didáctica del español como LE, vid. Apartado VI.

del *MCER:* las competencias comunicativas, las estrategias y las actividades de lengua.

En este sentido, cabe decir que las estrategias sirven como bisagra a través de la cual las distintas competencias comunicativas se ponen a funcionar para realizar actividades de lengua y, por ende, actos comunicativos.

3. IDEAS FUNDAMENTALES DE LA POLÍTICA LINGÜÍSTICA DEL *MARCO COMÚN EUROPEO*[11]

Los planteamientos de *MCER* (2001) en cuanto a su línea de acción institucional en materia de enseñanza y aprendizaje de lenguas derivan, en su casi totalidad, de los resultados y argumentaciones de los proyectos, conferencias y congresos en los que se concretan las aportaciones de los Estados miembro, así como de las recomendaciones específicas de los gobiernos en este ámbito de acción. Estos resultados sirven de base para fomentar una política lingüística europea y tienen como objetivo tanto favorecer la transparencia en la comparación de los sistemas educativos como la movilidad y cooperación entre los países europeos, además de adoptar una acción común en el ámbito lingüístico y cultural. Podemos resumir estos resultados en tres principios básicos establecidos en el preámbulo de la Recomendación R (82) 18 del Comité de Ministros del Consejo de Europa, a saber:

- Que el rico patrimonio de las distintas lenguas y culturas de Europa constituye un recurso común muy valioso que hay que proteger y desarrollar y que se hace necesario un importante esfuerzo educativo con el fin de que esa diversidad deje de ser un obstáculo para la comunicación y se convierta en una fuente de enriquecimiento y comprensión mutuos;
- Que solo por medio de un mejor conocimiento de las lenguas europeas modernas será posible facilitar la comunicación y la interacción entre europeos que tienen distintas lenguas maternas con el fin de fomentar la movilidad en Europa, la comprensión mutua y la colaboración, y vencer los prejuicios y la discriminación;
- Que los Estados miembro, al adoptar o elaborar políticas nacionales en el campo del aprendizaje y la enseñanza de lenguas, pueden conseguir una mayor convergencia a nivel europeo por medio de acuerdos adecuados para una continuada cooperación y coordinación de sus políticas.

---

[11] Los apartados 3 y 4 han sido elaborados bajo la responsabilidad de la Profa. Dra. Giorgia Marangon.

El Comité de Ministros del Consejo de Europa impulsó el cumplimiento de estos principios pidiendo a los gobiernos de los Estados miembro cuanto sigue:

- Que se fomente la colaboración nacional e internacional de instituciones gubernamentales y no gubernamentales que se dedican al desarrollo de métodos de enseñanza y de evaluación en el campo del aprendizaje de lenguas modernas, y a la producción y el uso de materiales, incluyendo aquellas que se dedican a la producción y al uso de materiales multimedia;
- Que se tomen las medidas necesarias para completar el establecimiento de un sistema eficaz de intercambio de información a nivel europeo que comprenda todos los aspectos del aprendizaje, la enseñanza y la investigación en el ámbito de las lenguas; y que se facilite el pleno uso de la tecnología de la información[12].

A la luz de lo mencionado, podemos ver cómo todos los esfuerzos del *MCER* 2001 se dirigen hacia una única vertiente que se ramifica en diferentes direcciones:

- Fomentar el intercambio lingüístico y cultural;
- Fundamentar las enseñanzas y aprendizaje de idiomas en las necesidades, las motivaciones, las características y los recursos de los interesados;
- Elaborar formas e instrumentos adecuados para mejorar los programas de aprendizaje de lenguas promocionando la investigación.

Según el *MCER* (2001), aprender una lengua extranjera es un proyecto global de un ciudadano europeo, una actividad que dura toda la vida y no termina con el ciclo escolar.

3.1. Plurilingüismo y pluriculturalismo. Diversificación lingüística. Movilidad y cooperación

Antes de entrar en el *quid* de la cuestión que nos ocupa, es oportuno definir los conceptos de plurilingüismo y pluriculturalismo. Según el *Diccionario* de la Real Academia Española de la Lengua[13], el término pluri-

---

[12] *Ibídem*. Tales principios se resumen en F14 y F17 del capítulo 1, punto 1.2, página 2, del *Marco*.

[13] Real Academia de la Lengua Española (2014): *Diccionario de la Real Academia Española (DRAE)*, Madrid. Véase la versión en internet: www.rae.es. Para la Academia, «plurilingüismo».

lingüismo es sinónimo de multilingüismo: «1. m. Coexistencia de varias lenguas en un país o territorio». Podemos incluir en esta definición también la palabra pluriculturalismo: coexistencia de varias culturas en un país o territorio. El enfoque plurilingüe y pluricultural es uno de los núcleos estratégicamente más importantes del *MCER* (2001) en el que además se enfatiza que:

> *Conforme se expande la experiencia lingüística de un individuo en los entornos culturales de una lengua, desde el lenguaje familiar hasta el de la sociedad en general, y después hasta las lenguas de otros pueblos [...], el individuo no guarda estas lenguas y culturas en compartimentos mentales estrictamente separados, sino que se desarrolla una competencia comunicativa a la que contribuyen todos los conocimientos y las experiencias lingüísticas y en las que las lenguas se relacionan entre sí e interactúan (Consejo de Europa 2002, p. 4, cap. 1, 1.4.).*

El plurilingüismo se desarrolla en un contexto de pluriculturalismo, no pudiéndose separar el concepto de lengua del concepto de cultura, porque la lengua es un medio de acceso a la cultura. Las culturas, al igual que las lenguas, no coexisten separadamente, sino que confluyen en una competencia pluricultural integrada (Consejo de Europa 2002, pp. 4-5, cap. 1, punto 1.4.). El *MCER* (2001) establece una diferencia clara entre multilingüismo —el conocimiento de varias lenguas o la coexistencia de lenguas en una sociedad— y el plurilingüismo —que consiste en que un individuo aprenda distintas lenguas pudiendo producir pasarelas entre unas y otras, y por tanto un enriquecimiento de las diferentes culturas—. La competencia plurilingüe en el discente le permite, a partir de sus conocimientos y experiencias en varias lenguas, aunque sean parciales[14], expandir su propio horizonte lingüístico. La competencia cultural además le permitirá relacionar de modo significativo las distintas culturas (nacional, regional, social) a las que accede y alcanzar una comprensión más amplia y completa de todas y cada una de ellas.

---

[14] El concepto de competencia parcial de las lenguas apunta a valorizar, según el *MCER*, competencias imperfectas en una LE. Por ejemplo, una persona que esté en un C1 de inglés no tendría que desdeñar un A2 de comprensión escrita de francés o su comprensión escrita de un A1 de español. Lo incompleto es intrínseco al aprendizaje de una LE, porque la interlengua va remodelándose y desarrollándose según las necesidades comunicativas del hablante (*Marco común europeo de referencia para las lenguas: aprendizaje, enseñanza y evaluación*, 2002, op. cit., p. 173, capítulo 8, punto 8.4; y p. 131, capítulo 6, punto 6.1.3).

El *MCER* (2001) especifica que el concepto de competencia plurilingüe y pluricultural tiende a:

- Alejarse de la dicotomía supuestamente equilibrada de L1/L2 haciendo más hincapié en el plurilingüismo (el bilingüismo es solo un caso particular);
- Considerar que un individuo no tiene un repertorio de competencias diferenciadas y separadas para comunicarse dependiendo de las lenguas que conoce, sino una competencia plurilingüe y pluricultural que incluye el conjunto de esas lenguas;
- Destacar las dimensiones pluriculturales de esta competencia múltiple, pero sin que esto suponga necesariamente proponer nexos de unión con el desarrollo del dominio lingüístico comunicativo[15].

Es sabido y hay mucha bibliografía sobre este tema[16] que, si bien el concepto de multilingüismo puede asociarse a la coexistencia de lenguas y culturas en una determinada sociedad, el plurilingüismo adopta el punto de vista del individuo; de este modo, una persona puede ser plurilingüe en una sociedad monolingüe y, de igual modo, otra puede ser monolingüe en una sociedad multilingüe. Desde esta perspectiva podríamos decir que la preocupación y el afán del Consejo de Europa tienen que ver con el desarrollo plurilingüe de los ciudadanos en una sociedad europea multilingüe[17].

En resumen, podemos afirmar que la competencia plurilingüe y pluricultural según la define el *MCER* (2001) es:

> *La capacidad de utilizar las lenguas para fines comunicativos y de participar en una relación intercultural en que una persona, en cuanto agente social, domina varias lenguas y posee experiencia de varias culturas. Esto no se contempla como la superposición o yuxtaposición*

---

[15] En *Marco común europeo de referencia para las lenguas: aprendizaje, enseñanza y evaluación* (2002), op. cit., p. 167, capítulo 8, punto 8.1.

[16] Artículos científicos, actas de congresos y páginas web, entre todas la del Instituto Cervantes y la traducción al español del *Common European Framework for Languages: Learning, Teaching, Assessment* en pdf: http://cvc.cervantes.es/ensenanza/biblioteca_ele/marco/cvc_mer.pdf, versión que se ha seguido en este trabajo. También se hace necesario consultar las publicaciones de Álvaro García Santa-Cecilia del Instituto Cervantes como «Bases comunes para una Europa plurilingüe: *Marco común europeo de referencia para las lenguas*», en *El español en el mundo, Anuario del Instituto Cervantes 2002*, Barcelona, Plaza &Janés y Círculo de Lectores, págs. 13-34.

[17] Véanse los ejemplos de E. Rosen y R. Varela (2009) como modelo plurilingüe y de conocimientos parciales.

de competencias diferenciadas, sino como la existencia de una competencia compleja e incluso compuesta que el usuario puede utilizar (MCER, pp. 4-5).

En el gráfico que sigue se desarrolla este concepto[18]:

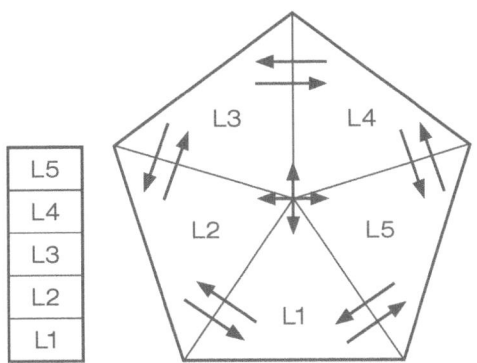

Queremos resaltar, además, que la movilidad mejora la calidad de los programas y la excelencia en la investigación y refuerza la internacionalización académica y cultural de la enseñanza superior europea. La movilidad es importante para el desarrollo personal y el empleo, ya que fomenta el respeto a la diversidad y la capacidad para tratar con otras culturas, alienta el pluralismo lingüístico, respaldando la tradición plurilingüe del Espacio Europeo de Educación Superior; y aumenta la cooperación y la competencia entre instituciones de educación superior. Por lo tanto, la movilidad será el sello distintivo del *MCER* (2001) de modo que sus requisitos serán unos itinerarios de estudio flexibles y unas políticas de información activas, el pleno reconocimiento de los niveles adquiridos y el apoyo al estudio.

4. EL *PORTFOLIO* Y EL *EUROPASS:* MODOS DE ELABORACIÓN PARA EL PASAPORTE LINGÜÍSTICO

En el ámbito de las lenguas, todos los programas educativos del Consejo de Europa se han diseñado con el objetivo de fomentar el uso de herramientas que puedan ser utilizadas por todas las personas implicadas en la enseñanza-aprendizaje de idiomas para el fomento del plurilingüismo.

---

[18] Gráfico extraído del artículo de Álvaro García Santa-Cecilia (2002).

Uno de los instrumentos didácticos que el *MCER* aconseja es *The European Language Portfolio* (ELP), *Portfolio Europeo de las Lenguas* (PEL). El PEL es un documento personal del aprendiz que, como un currículo lingüístico, documenta sus competencias en las LE, según los parámetros de referencias del *MCER* (2001). En el PEL se pueden registrar y reconocer no solo el aprendizaje de idiomas, sino también las experiencias interculturales de diversa índole y reflexionar sobre ellas. A lo largo de su vida, el propietario de dicho documento tiene que registrar con regularidad los certificados o diplomas que consiga, los progresos de nivel que haga y las experiencias lingüísticas y culturales que viva. Existen diferentes formatos de *Portfolio*, que las agencias educativas y escolares europeas han elaborado según sus necesidades específicas, dentro de las indicaciones generales del Consejo de Europa.

El PEL consta de tres partes:

1) *Un pasaporte lingüístico*. Actualizado por el titular, refleja lo que este sabe hacer en distintas lenguas. Mediante el cuadro de autoevaluación, que describe las competencias por destrezas (hablar, leer, escuchar, escribir), el titular puede reflexionar y autoevaluarse. También contiene información sobre diplomas obtenidos, cursos a los que se ha asistido, así como contactos relacionados con otras lenguas y culturas;
2) *Una biografía lingüística y cultural*. En ella se describen las experiencias del titular en cada una de las lenguas y está diseñada para servir de guía al aprendiz a la hora de planificar y evaluar su progreso;
3) *Un dossier*. Contiene ejemplos de trabajos personales para ilustrar las capacidades y conocimientos lingüísticos (certificados, diplomas, trabajos escritos, proyectos, grabaciones en audio y video, presentaciones...).

Los objetivos principales del PEL son:

a) Fomentar el plurilingüismo y el aprendizaje de lenguas a lo largo de toda la vida y de forma autónoma;
b) Proteger y promocionar la variedad lingüística y cultural;
c) Facilitar la coherencia en el aprendizaje y la movilidad en Europa.

Al crear su *Portfolio*, el propietario completa las tres partes arriba mencionadas para todas las lenguas que conozca, inclusive la materna. El *Portfolio* resulta ser un soporte eficaz para la comparación intralingüística que se resume con la siguiente cita del *MCER*:

> *[Se] produce una mejor percepción de lo general y lo específico de la organización lingüística de distintas lenguas (una forma de conciencia*

metalingüística, intralingüística o, por así decirlo, «hiperlingüística») (MCER, pp. 132-133).

Gracias a la descripción de las competencias comunicativas y culturales, tanto en el pasaporte lingüístico como en la bibliografía, el *Portfolio* facilita que el propietario documente el progreso de su competencia plurilingüe, dentro y fuera del aula. El pasaporte lingüístico recoge las acreditaciones oficiales y las integra con una autoevaluación pormenorizada del aprendiz de sus competencias comunicativas; es decir, competencias lingüísticas, sociolingüísticas y pragmáticas. Se suelen utilizar parrillas con los descriptores de los niveles A1, A2, B1, B2, C1, C2 del *MCER* (2001). En cuanto al desarrollo de la competencia intercultural, es útil la sección del *Portfolio* denominada *biografía lingüística y cultural* en la que el interesado anota sus experiencias en LE, incluyendo todo lo que tiene que ver con sus destrezas y habilidades interculturales. Para concluir, podemos decir que el *Portfolio* tiene la función de explicitar al aprendiz sus procesos de aprendizaje y, aunque contextualizado en su diseño curricular centrado en el aprendiz, puede proporcionar una buena reflexión crítica del usuario sobre las LE apuntando las siguientes finalidades formativas:

- Reflexión en aprendizaje y enseñanza;
- Clarificación de los objetivos de aprendizaje;
- Identificación de competencias;
- Autoevaluación del alumnado;
- Cambio hacia una mayor responsabilidad del aprendiz por su propio aprendizaje.

5. EVALUACIÓN Y CERTIFICACIÓN. DIPLOMA DELE[19]

El documento del *MCER* proporciona, como se ha venido ilustrando, unas directrices de actuación común en tres aspectos concretos: aprendizaje, enseñanza y evaluación de los idiomas. En las últimas décadas, el Instituto Cervantes se ha hecho promotor de distintas acciones que han supuesto el desarrollo y aplicación de tales líneas maestras en el ámbito específico del español como lengua extranjera, tanto en lo que concierne al proceso de enseñanza-aprendizaje (con el PCIC, *Plan curricular del Instituto Cervantes. Niveles de referencia para el español*, 2006), como en la gestión de la evaluación del dominio y la competencia lingüística del usuario para su acre-

---

[19] Apartado elaborado bajo la responsabilidad de la Profa. Dra. Linda Garosi.

ditación oficial (DELE. Diploma de Español como Lengua Extranjera, 1988). En esta última vertiente centraremos ahora nuestra atención. Para ello, en primer lugar, ahondaremos en algunos conceptos que, relacionados con nuestro objeto de interés —la evaluación y certificación del español como lengua extranjera—, aún quedan por profundizar. Tras dirimir estas cuestiones terminológicas, puesto que certificar no significa exactamente evaluar, nos ocuparemos del Diploma de Español como Lengua Extranjera. Se presentará la estructura de los exámenes, su división y subdivisión en diferentes pruebas y tareas, así como los criterios elaborados para su valoración. Para terminar, mediante un cuadro sintético, se pondrá en relación la certificación de español con algunos de los títulos oficiales de las principales lenguas europeas. Cabe recordar que el documento, publicado en 2001 por el Consejo de Europa, ofrece unos cuadros conceptuales comunes que deberían proporcionar una base sólida para el mutuo reconocimiento de certificados de lenguas y ayudar a los alumnos, a los profesores, a los responsables del diseño de cursos, a las entidades examinadoras y a los administradores educativos a que coordinen sus esfuerzos en una perspectiva supranacional.

5.1. Aproximaciones teóricas

Como se decía, certificar no es evaluar. De ahí que sea preciso diferenciar un tipo de evaluación que el usuario de una lengua extranjera realiza para acreditar —de forma oficial— su grado de dominio, de otros tipos de evaluación que se centran en la competencia lingüística del discente, como es el caso de la evaluación sumativa o final. Si bien se trata en ambos casos de valorar unos resultados *finales*, se siguen, sin embargo, pautas distintas además de llevarse a cabo en contextos diferentes, a saber: el ámbito administrativo, en el caso de los exámenes para la certificación; y el ámbito didáctico, en el caso de las pruebas realizadas al final del proceso de enseñanza-aprendizaje.

En el capítulo 9, el último del *MCER*, se trata detenidamente el tema de la evaluación. En primer lugar, se aclara el sentido concreto con el que se utiliza el término *evaluación*, como «valoración del grado de dominio lingüístico que tiene el usuario» (p. 177). También se presentan tres conceptos fundamentales por los que se rige cualquier análisis de evaluación: validez, fiabilidad, viabilidad. Estas constituyen ideas generales que deben relacionarse entre sí y a las que tiene que adecuarse el *MCER*. De hecho, las directrices contenidas en el documento tendrán las siguientes finalidades[20]:

---

[20] Se reproduce la tabla del Consejo de Europa (2002, capítulo 9, p. 178).

1) Para especificar el contenido de las pruebas y de los exámenes.	*lo que se evalúa*
2) Para establecer los criterios con los que se determina la consecución de un objetivo de aprendizaje.	*cómo se interpreta la actuación*
3) Para describir los niveles de dominio lingüístico en pruebas y exámenes existentes, permitiendo así realizar comparaciones entre distintos sistemas de certificados.	*cómo se pueden realizar las comparaciones*

En el segundo párrafo del capítulo 9, se aconseja que se utilice el *Marco de referencia* como «recurso de evaluación», y se recomienda su consulta a profesores o responsables de entidades examinadoras a la hora de diseñar exámenes y preparar la especificación del contenido de tareas. Para la elaboración de las pruebas es importante que se tengan en cuenta las descripciones del capítulo 4 («El uso de la lengua y el usuario o alumno»), sobre todo lo tratado en las secciones 4.1 («El contexto del uso de la lengua») y 4.6 («Textos»). También son útiles el capítulo 7 («Las tareas y su papel en la enseñanza de la lengua»), sobre todo el apartado 7.3 («La dificultad de la tarea»); así como el apartado 5.2 («Las competencias comunicativas de la lengua») y lo expuesto en numerosas publicaciones promovidas por el Consejo de Europa que, entre las décadas de los ochenta y noventa, desarrollaron los descriptores del *Threshold Level* (Nivel Umbral)[21]. La parte más extensa del capítulo 9 es la representada por el tercer apartado donde se reseñan, por pares, las diferentes modalidades de evaluación[22].

---

[21] Sabemos que el Nivel Umbral es uno de los seis niveles recogidos en el *MCER*, sin embargo, es útil recordar que su primigenia configuración conceptual deriva de los trabajos realizados durante un Simposio sobre «Enseñanza de Lenguas Modernas en la Educación de Adultos» celebrado en la ciudad suiza de Rüschlikon en 1971. Surge de allí la iniciativa del *Proyecto de Lenguas Modernas*, dirigido por J. Trim, mientras que el *Grupo de Expertos* redacta unos documentos de referencia común, entre los cuales encontramos *The Treshold Level* 1972. Se inicia así un proceso que culmina con la elaboración del *Marco común europeo de referencia para las lenguas* y la definición de los seis niveles de dominio lingüístico. Asimismo, el nivel umbral tuvo una repercusión notable tanto en la enseñanza y aprendizaje de lenguas extranjeras, como en su evaluación.

[22] Véase el «Cuadro 7. Tipos de evaluación», p. 183. El apartado se ocupa de trazar las principales características de cada tipología en forma de trece pares divergentes, entre los que se hallan: evaluación del aprovechamiento/evaluación del dominio; con referencia a la norma (RN)/con referencia a un criterio (RC); maestría RC/Continuum

Al hilo de nuestro discurso, nos interesa hacer hincapié en que se vuelve a incidir, pues ya se había dejado patente en el capítulo 3 («Niveles comunes de referencia»), en el hecho de que los descriptores de los niveles de dominio de una lengua «constituyen una fuente para el desarrollo de escalas de valoración que evalúan el logro de un objeto concreto de aprendizaje», además de que «pueden contribuir a la formulación de los criterios» (p. 179). Sin embargo, pese a que se insiste repetidas veces a lo largo del documento acerca de la utilidad que las escalas de descriptores tienen a la hora de «especificar el contenido de las pruebas y de los exámenes» (p. 19), falta una distinción clara entre lo que se entiende por evaluación final, o sumativa, y evaluación «certificatoria».

Creemos conveniente, por tanto, reflexionar sobre ello esbozando sus características principales. La evaluación final o sumativa consiste en una operación que se debe realizar al final de un proceso de enseñanza-aprendizaje. Consiste en el momento conclusivo de un curso o bien de una determinada etapa. Por consiguiente, las pruebas que se planteen y preparen deberán guardar una relación estricta con los objetivos fijados, la metodología aplicada y los contenidos estudiados durante el curso o la etapa de docencia a las que se refieren. De lo contrario, carecerían de utilidad y validez. De la misma forma, los criterios de valoración empleados para una actuación concreta, hablada o escrita, deberán ajustarse a la consecución de un objetivo de aprendizaje o a la asimilación de contenidos referidos a un contexto de formación concreto. Asimismo, es posible medir el grado de competencia final alcanzada por el alumnado o bien evaluar solo algunos de los contenidos u objetivos intermedios. Finalmente, la evaluación sumativa tiene que realizarse por parte del docente, o el grupo de docentes, responsables de las clases y/o de la programación del curso.

La evaluación certificatoria, en cambio, es una operación que lleva a comprobar el dominio efectivo de una lengua extranjera de un usuario por parte de una persona, o grupo de personas, que, forzosamente, no puede coincidir con el que ha impartido el curso. El examinador, en este caso, es ajeno al contexto de formación del usuario, así como a los métodos didácticos empleados. Este tipo de evaluación lleva a la emisión de una certificación que reconoce, acreditándolo de forma oficial, el dominio de unos requisitos lingüísticos a partir de unos parámetros establecidos de forma general. Se trata de una certificación, por tanto, con una validez general. Las pruebas o tareas

---

RC; evaluación continua/evaluación en un momento concreto; evaluación formativa/evaluación sumativa; evaluación directa/evaluación indirecta; evaluación de la actuación/evaluación de los conocimientos; evaluación subjetiva/evaluación objetiva; valoración mediante lista de control/valoración mediante escala; impresión/valoración guiada; evaluación global/evaluación analítica; evaluación en serie/evaluación por categorías; evaluación realizada por otras personas/autoevaluación.

que deben realizar los candidatos sirven para determinar su nivel de competencia lingüística, comprobando si sus actuaciones orales y escritas responden a estándares prefijados de adecuación y aceptabilidad en el uso de la lengua extranjera en contextos socioculturales y sociolingüísticos reales. Como sugiere Davies (1990, p. 7), los exámenes oficiales y su evaluación vuelven «transparente» el grado de dominio de una lengua extranjera del usuario, haciendo que también los demás puedan apreciarlo.

Debido a las peculiaridades que acabamos de señalar, la evaluación certificatoria no está condicionada por la forma con que el usuario ha alcanzado su competencia, ni está sujeta a un determinado método didáctico. Como a veces ocurre, dicha competencia también se puede lograr fuera del contexto formativo: tras una estancia en el extranjero, mediante contactos interpersonales, por bilingüismo o intereses personales, entre otros. Las pruebas, o tareas, para la evaluación certificatoria, así como los criterios para su valoración, se tienen que elaborar al margen del contenido específico de un curso o de un objetivo de aprendizaje concreto. Asimismo, la persona o grupo responsable de su elaboración, realización y valoración, no tiene porqué conocer la trayectoria formativa del candidato.

A la luz de lo dicho, queda patente la función que el *MCER* desempeña para fijar de forma general *qué se evalúa* y *cómo se interpreta la actuación*. Ello permite establecer una correspondencia entre las pruebas y su evaluación que debe servir para el reconocimiento del grado de dominio de una lengua extranjera y que adquiera validez general. El candidato que supere los exámenes consigue un título que acredita en qué contextos y con qué grado de dominio es capaz de usar el idioma extranjero. La certificación oficial le sirve a cualquier persona para promocionar en su trabajo o conseguir un puesto, para lograr un título de estudio o bien acceder a niveles superiores, y para la movilidad. Una acreditación oficial garantiza al usuario poder obtener un beneficio de su competencia lingüística, lo cual impone que la institución que se hace cargo del proceso de certificación sea ajena al contexto educativo. Esta institución deberá, siguiendo las directrices del *MCER* así como los estándares internacionales de medición, ocuparse desde el diseño de las pruebas, hasta la realización y evaluación de los resultados. Ello lleva a plantearnos una serie de preguntas que atañen al español como lengua extranjera: ¿cuál es su certificado oficial?, ¿quién lo gestiona?, ¿cómo se estructura?, ¿qué validez tiene?

5.2. DELE: Diploma de Español como Lengua Extranjera

Como se decía al principio, el Instituto Cervantes no solo ha desarrollado el *Plan curricular* —que se tratará detenidamente en el siguiente apartado—, sino que se ocupa de la certificación oficial del grado de competencia y dominio del español como lengua extranjera. El Instituto Cervantes otorga, en nombre del Ministerio de Educación, Cultura y Deporte de España y en colaboración con la Universidad de Salamanca, el Diploma DELE (Diploma de Español como Lengua Extranjera). Este título oficial fue creado en 1988 por el Ministerio de Educación con el Real Decreto 826 (RD 826/88) y se rige por el Real Decreto de 2002 (RD 1137/2002) y por el Real Decreto de 2008 (RD 264/2008).

En la labor de evaluación, el Instituto Cervantes y la Universidad de Salamanca elaboran los modelos de examen, las tareas que componen las pruebas y la evaluación para la obtención de los diplomas de español. Estas certificaciones siguen el planteamiento, el modelo de lengua y el tipo de evaluación propuestos por el grupo europeo ALTE (*Association of Language Testers in Europe*) y común a todos los certificados europeos que se adhieren a esta asociación[23]. Se propone un modelo de competencia lingüística de tipo comunicativo, de tal modo que la lengua se presenta como un medio de comunicación en el que las competencias de tipo pragmático se consideran fundamentales. La competencia y la capacidad certificadas de uso de la lengua son de tipo general; es decir, no especial, y se adecuan a un perfil de usuarios adultos. Los diplomas DELE cubren todos los niveles del *MCER*[24]:

Diploma de español DELE	Marco de referencia	Denominación
Diploma de Español Nivel A1	A1	Acceso
Diploma de Español Nivel A2	A2	Plataforma
Diploma de Español Nivel B1	B1	Umbral
Diploma de Español Nivel B2	B2	Avanzado
Diploma de Español Nivel C1	C1	Dominio operativo Eficaz
Diploma de Español Nivel C2	C2	Maestría

---

[23] En el seno de un proyecto promovido por esta asociación internacional se elaboraron los descriptores de lo que *puede hacer* la persona que se examina en los distintos niveles. Se trata de un proyecto que ha desarrollado una serie amplia de descriptores que se pueden relacionar con los niveles comunes de referencia. Se lee en el *MCER* que «estos descriptores complementan los del *Marco de referencia* en la medida en que están organizados en relación con los ámbitos de uso que resultan adecuados para los adultos» (p. 24). El documento está recogido en el Anejo D del *MCER* («Las especificaciones de capacidad lingüística "Puede hacer" de ALTE»).

[24] Se reproduce la tabla disponible en la página web del Instituto Cervantes «Tipos de diploma DELE».

Las pruebas acreditan el dominio en las cuatro destrezas lingüísticas principales, orales y escritas, combinadas con la habilidad de interacción. Por lo tanto, el modelo de examen se compone de cuatro partes o pruebas, a saber: *comprensión de lectura, comprensión auditiva, expresión e interacción escritas, expresión e interacción orales*. Cada una se compone a su vez de diversas tareas, cuyo número puede variar según el tipo de prueba o el nivel[25]. Las tareas son tanto de tipo objetivo (completar y *cloze* cerrado, correspondencias, selección múltiple, etc.), como de tipo subjetivo (respuesta abierta, reconstruir el orden de textos, producción de un texto, etc.). Por lo que se refiere a su ejecución y evaluación, el examen se divide en dos partes: la primera corresponde a la realización de las pruebas escritas (*Comprensión de lectura, Comprensión auditiva, Expresión e interacción escritas*); la segunda, a la prueba oral (*Expresión e interacción orales*). Los ejercicios y redacciones escritas se envían al Instituto Cervantes para su evaluación, mientras que las actuaciones orales se evalúan directamente en el centro de examen. En la sala donde se realiza la prueba oral hay dos examinadores: uno actúa como entrevistador e interlocutor y el otro como calificador. Para más detalles, en la página web del Diploma DELE se pueden consultar las «Guías de examen»[26]. Cada guía presenta una «Descripción general» de cada prueba, en la que se detalla el formato de la prueba, su duración, el número de tareas, la modalidad de la calificación con la indicación de las escalas que usar y el porcentaje que se atribuye a la puntuación de cada una. A ello le sigue el apartado «Descripción de las tareas», en el que se señalan la tipología de cada tarea, su formato, su duración, la focalización (es decir, la capacidad concreta que el candidato que se evalúa tiene que demostrar) y el tipo de textos empleados. La guía finaliza con las «Escalas de calificación» de la prueba[27].

Para concluir, nos parece útil ofrecer un cuadro sintético que, al reunir una selección, a modo de ejemplo, de los certificados de las principales lenguas europeas, permite establecer comparaciones entre distintos sistemas:

---

[25] Para consultar los modelos de examen se remite a: https://examenes.cervantes.es/es/dele/preparar-prueba.

[26] Las «Guías de examen» están disponibles en el siguiente enlace: http://diplomas.cervantes.es/informacion/guias/default.html.

[27] Existen dos tipos de escalas de calificación: la analítica y la holística.

	A1	A2	B1	B2	C1	C2
			Alemán			
Goethe-Institut	Startdeutsch 1 (SD1)	Startdeutsch 2 (SD 2)	ZertifikatDeutsch (ZD)	Goethe-Zertifikat B2	Goethe-Zertifikat C1	ZentraleOberstufen-prüfung (ZOP)
			Español			
Instituto Cervantes Diploma de Español como Lengua Extranjera (DELE)	Nivel A1	Nivel A2	Nivel B1	Nivel B2	Nivel C1	Nivel C2
			Francés			
Diplôme d'Études en Langue Française (DELF)	Diplôme d'Études en Langue Française DELF A1	Diplôme d'Études en Langue Française DELF A2	Diplôme d'Études en Langue Française DELF B1	Diplôme d'Études en Langue Française DELF B2	Diplôme Approfondie de Langue Française DALF C1	Diplôme Approfondie de Langue Française DALF C2
Alliance Française		Certificat d'Études en Fançais Pratique 1 (CEFP 1)	Certificat d'Études en Fançais Pratique 1 2 (CEFP 2)	Diplôme de Langue Française (DLF)	Diplôme Supérieure d'Études Françaises Modernes (DS)	Diplôme des Hautes Études Françaises (DHEF)

		Inglés			
Cambridge: General English Exams (ESOL)	Key English Test (KET)	Preliminary English Test (PET)	First Certificate in English (FCE)	Certificate in Advanced English (CAE)	Certificate of Proficiency in English (CPE)
Trinity College: Integrated Skills in English (ISE)	ISE 0	ISE I	ISE II	ISE III	ISE IV
		Italiano			
Certificato di Conoscenza della Lingua Italiana (CELI)	CELI IMPATTO	CELI 1	CELI 2	CELI 3	CELI 4	CELI 5
Certificato di Italiano come Lingua Straniera (CILS)	CILS A1	CILS A2	CILS Uno B1	CILS Due B2	CILS Tre C1	CILS Quattro C2

Es posible elaborar este tipo de tabla de equivalencia puesto que los certificados tienen que ser el resultado de la especificación para las distintas lenguas de las líneas maestras contenidas en el *MCER*. Se trata, en lo específico, del cuadro 1 (*Escala global*, p. 26), cuadro 2 (*Cuadro de autoevaluación*, pp. 30-31) y cuadro 3 (*Aspectos cualitativos del uso de la lengua hablada*, pp. 32-33) presentados en distintos apartados del capítulo 3 «Niveles comunes de referencia». También es posible establecer equivalencias entre los títulos oficiales gracias a la labor realizada por algunas asociaciones, como ALTE o ELC (*European Language Council*) que, al coordinar la acción de las instituciones certificadoras, fomentan el reconocimiento oficial de sus exámenes y sus respectivos títulos a escala internacional, avalando por ende su validez.

6. EL *MARCO EUROPEO* Y EL *PLAN CURRICULAR* DEL INSTITUTO CERVANTES[28]

Los puntos 3 y 4 del *MCER* abordan los aspectos relacionados con los niveles de referencia y con el uso de la lengua. En este sentido, e intentando dar respuesta a ambos apartados, el *Plan Curricular del Instituto Cervantes* es el documento de referencia para la enseñanza-aprendizaje de la lengua española como Lengua Extranjera, según las normas establecidas en el *MCER*. Publicado en tres tomos —consultable en formato electrónico, con acceso libre, en la dirección web oficial del Instituto Cervantes— el *Plan* fija y desarrolla los contenidos en relación con las cuatro competencias básicas —gramatical, textual, léxica y cultural—, con las cinco destrezas comunicativas —auditiva, lectora, oral en su doble vertiente y escrita—, y los 6 niveles de referencia progresivos en la adquisición de una lengua extranjera —elemental (A), intermedio (B), avanzado (C)—, de manera que constituye un documento de referencia no solo para los docentes sino también para los discentes. Por otro lado, la identificación de los niveles de referencia a través de distintos colores —naranja para el nivel A, rojo para el nivel B y verde para el nivel C—, la posibilidad de su consulta en formato electrónico, y el poder acceder a referencias cruzadas dentro de cada uno de los inventarios o entre varios de los inventarios mediante hipervínculos, facilita la labor del usuario al tiempo que hace más accesibles los materiales.

En el formato electrónico la consulta se puede hacer de manera vertical —siguiendo los inventarios dentro de cada uno de los niveles de referencia— o de manera horizontal —siguiendo cada inventario particular en las distintas competencias y destrezas—. En su conjunto aporta, pues, toda la información necesaria tanto para el aprendizaje del español como para su enseñanza y evaluación y, de

---

[28] Apartado elaborado bajo la responsabiliad de la Profa. Carmen F. Blanco Valdés.

hecho, es el documento de referencia para los equipos docentes de las distintas sedes del Instituto Cervantes y pretende serlo para todos aquellos profesionales que se relacionen de manera directa con la enseñanza del español como Lengua Extranjera en sus distintas modalidades:

> *La serie de tres volúmenes de los Niveles de referencia para el español del Plan curricular del Instituto Cervantes es el resultado de un esfuerzo cuyo principal objetivo es proporcionar a los equipos docentes de la red de centros del propio Instituto, y a los profesionales relacionados con la enseñanza de ELE, un amplio repertorio de material que pueda servir a distintos fines y utilidades relacionados con el aprendizaje, la enseñanza y la evaluación del español (PCIC, Introducción general).*

El contenido de cada uno de los volúmenes en los que se divide el *Plan* responde a un esquema común: tras una relación de los objetivos generales en función de cada uno de los niveles de referencia, se ofrecen una serie de «inventarios», también relacionados con estos 6 niveles, en los que se da cuenta del material necesario para poder poner en práctica las cinco destrezas comunicativas que se especifican en los descriptores del *MCER*, a saber: competencia auditiva, comprensión lectora, interacción oral, expresión oral y expresión escrita. En los inventarios se incluye, por tanto, tanto material específicamente lingüístico como de otro tipo, vinculado más a los aspectos culturales y sociales que faciliten al tiempo un mayor conocimiento de los hábitos, costumbres y vivencias de las sociedades de habla hispana:

> *Los Niveles de referencia para el español son el desarrollo, en términos de objetivos y contenidos de enseñanza y aprendizaje, de los niveles comunes de referencia (A1-A2, B1-B2 y C1-C2) establecidos por el Marco común europeo de referencia para las lenguas: aprendizaje, enseñanza, evaluación y que el Instituto ha incorporado como propios en la actualización de su currículo. Los materiales que constituyen los Niveles de referencia para el español se han elaborado de acuerdo con las directrices del Departamento de Política Lingüística del Consejo de Europa, con objeto de garantizar la coherencia con las descripciones que se desarrollan para otras lenguas europeas (PCIC, Introducción general).*

En líneas generales, la configuración interna del *Plan curricular* proporciona un buen instrumento para la elaboración de materiales didácticos, ya que ofrece a los profesionales de la enseñanza-aprendizaje del español como Lengua Extranjera un surtido y variado material, de carácter lingüístico-comunicativo, para poder configurar las diferentes unidades didácticas que después se materializan en la enseñanza en el aula.

Previamente al inventariado del material didáctico propiamente dicho, el *PCIC* establece los objetivos generales de cada uno de los niveles de referencia en función de tres grandes dimensiones desde la perspectiva del aprendizaje del usuario: el alumno como agente social, como hablante intercultural y como aprendiente autónomo.

6.1. El alumnado como agente social

A1-A2: Ser capaz de:

- Llevar a cabo transacciones básicas relacionadas con necesidades inmediatas;
- Participar en interacciones sociales dentro de la esfera social más próxima;
- Desenvolverse con textos orales y escritos relacionados con su entorno y sus necesidades más inmediatas.

B1-B2: Ser capaz de:

- Llevar a cabo transacciones habituales y corrientes de la vida cotidiana;
- Participar en interacciones sociales dentro de la comunidad social, laboral o académica en la que se integre;
- Desenvolverse con textos orales y escritos sobre temas relacionados con sus intereses, con sus gustos y preferencias y con su campo de especialidad.

C1- C2: Ser capaz de:

- Llevar a cabo transacciones de todo tipo, aunque sean delicadas y complejas;
- Participar y tomar la iniciativa en interacciones sociales dentro de la comunidad o de las comunidades sociales, académicas o profesionales en las que se integre;
- Desenvolverse con textos orales o escritos de cualquier tipo, sea cual sea la situación y el tema.

6.2. El alumno como hablante intercultural

En este apartado el proceso de aprendizaje se divide en tres fases iguales en cada uno de los niveles de referencia —fase de aproximación, de profundización y de consolidación— pero con objetivos diferentes en función del umbral de aprendizaje:

- Visión de la diversidad cultural;
- Papel de las actitudes y los factores afectivos;
- Referentes culturales;
- Normas y convenciones sociales;
- Participación en situaciones interculturales;
- Papel del intermediario cultural.

6.3. El alumno como aprendiente autónomo

Siguiendo el mismo desarrollo que en el apartado anterior, también en este proceso se establecen las mismas fases con los siguientes objetivos:

- Control del proceso de aprendizaje;
- Planificación del aprendizaje;
- Gestión de recursos;
- Uso estratégico de procedimientos de aprendizaje;
- Control de factores psicoafectivos;
- Cooperación con el grupo.

Una vez establecidos los objetivos, las propuestas que se ofrecen para el desarrollo de materiales didácticos, divididas en inventarios, tienen en cuenta, en base a los niveles y a las destrezas que se pretenden desarrollar, las cuatro competencias básicas que deben estar en la base de cualquier tipo de aprendizaje de una lengua extranjera: la competencia gramatical, la competencia textual, la competencia léxica y la competencia cultural. Todo ello con la intención de focalizar la atención sobre aspectos sociales, pragmáticos y lingüísticos que se interpreten como instrumentos didácticos útiles y que motiven el deseo de aprender una nueva lengua.

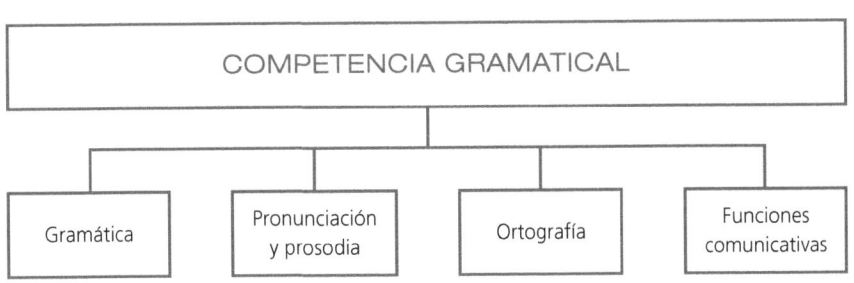

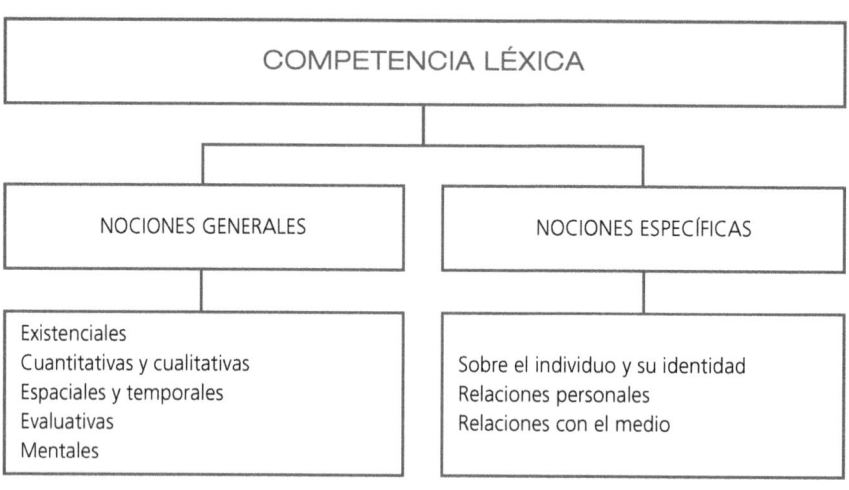

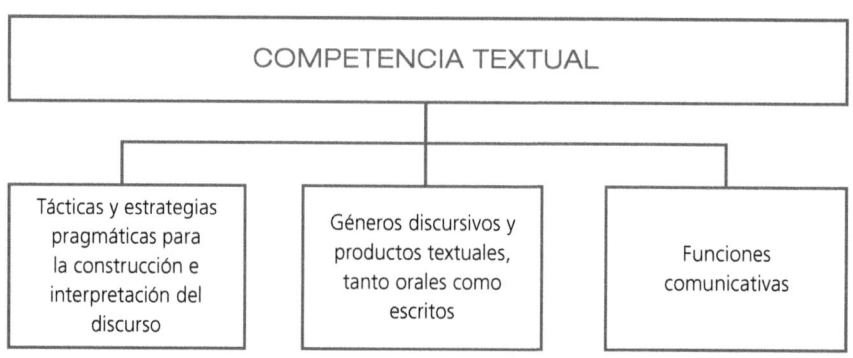

6.4. Diseño de una programación docente

Una vez definidos los materiales y enfoques en el uso de la lengua, los puntos 5 y 6 del *MCER* abordan de manera directa tanto el proceso de aprendizaje por parte del usuario como el de enseñanza por parte del docente, de tal modo que ambos apartados constituyen una guía para las programaciones docentes. Asimismo, el Instituto Cervantes, al igual que los demás centros europeos estatales de enseñanza de lenguas, aborda el modelo que se debe seguir para el diseño y elaboración de una metodología docente en el documento *Las competencias clave del profesorado de segundas lenguas y extranjeras*, dirigido por Francisco Moreno Fernández y consultable igualmente en abierto en la web oficial del Instituto Cervantes.

En los dos apartados del *MCER* se insiste mucho sobre el término de *competencia* y los redactores del documento del Instituto Cervantes, aplicando el concepto de competencia de Perrenoud (2004), entienden que las competencias no son un recurso en sí mismas sino que más bien deben entenderse como la capacidad del docente de saber seleccionar, combinar y poner en marcha los recursos pertinentes en función de las condiciones en las que se encuentra y que han debido quedar ya definidas con anterioridad. En su conjunto el documento pasa revista a las competencias con las que debe contar el docente en relación con sus conocimientos, habilidades y actitudes.

No cabe la menor duda de que esas competencias han de ponerse en práctica en el momento en que nos colocamos ante un grupo de estudiantes a los que debemos enseñar a comunicarse en una nueva lengua, al tiempo que los introducimos en su universo cultural. Tomando como referencia dicho documento y aplicando mi propia experiencia como docente de lenguas extranjeras, se esbozan a continuación las líneas estratégicas que se proponen para la consecución de un correcto planteamiento en el diseño curricular de la enseñanza de una lengua extranjera desde el punto de vista del docente.

Antes de empezar a trabajar se hace necesario definir un criterio fundamental: a qué tipología de usuario se dirige nuestra aplicación curricular; o, más bien, hacia dónde pueden dirigirse las diferentes modalidades de profesionales que se relacionan con la enseñanza de una lengua extranjera, pues de alguna manera ese criterio debe estar en la base de cualquier planteamiento metodológico:

1) Profesionales dedicados a la enseñanza de una lengua extranjera;
2) Examinadores/evaluadores de certificaciones oficiales;
3) Autores de manuales o de materiales para la enseñanza de las lenguas extranjeras;
4) Formadores de profesorado de lenguas extranjeras.

Tanto en el *MCER* como en el desarrollo que del mismo hace el Instituto Cervantes en el documento mencionado, se plantean una serie de cuestiones preliminares a las que es necesario dar respuesta y que tienen que ver tanto con el perfil de los usuarios cuanto con las destrezas de los docentes y el medio en que se desarrolla la docencia:

1) ¿Qué van a hacer los estudiantes mediante el uso de la lengua? No puede plantearse de igual modo una metodología que se dirige a estudiantes en los que el aprendizaje de una segunda lengua forma parte de su diseño curricular de estudios (primaria, secundaria, bachiller, ciclos formativos, universidad) o a aquellos que desean aprenderla para hacer un uso instrumental de la misma (comunicarse a través de esa lengua) o a aquellos que la necesitan de forma pasiva como traductores, profesionales del comercio o de la industria. Esta cuestión lleva a definir el uso de la lengua por parte de los discentes.

2) ¿Qué tienen que aprender para poder utilizarla con el fin que se persigue? Dar respuesta a esta pregunta facilita el montaje de las diferentes unidades didácticas y ayuda a seleccionar los tipos de materiales didácticos.

3) ¿Qué les motiva para querer aprender una segunda lengua? El argumento sobre la motivación ha entrado de lleno, durante las últimas décadas, en todo el proceso de enseñanza-aprendizaje. En este apartado es importante introducir el *Portfolio* y la necesidad de llevar al día el pasaporte lingüístico o *Europass*, de modo que los discentes puedan ir anotando sus diferentes progresiones en el aprendizaje. Es importante igualmente, para lograr mantenerlos motivados, aplicar metodologías didácticas acordes con la tipología de los estudiantes: la edad, el origen social, el nivel educativo son elementos que el docente debe tener en cuenta y, en consecuencia, elementos que debe incorporar en el diseño de su metodología didáctica.

4) ¿Qué acceso tienen los estudiantes a los manuales, a las TIC, a los medios audiovisuales, ordenadores, etc.? Parece algo obvio en los tiempos que vivimos, que todos los estudiantes pueden no solo tener acceso sino saber manejar medios tanto en soporte papel como en soporte informático; pero no por ello se debe dejar de considerar este aspecto. Un fácil acceso a estos medios facilita la metodología docente; pero al tiempo un uso inapropiado de los mismos puede conducir hacia el fracaso del aprendizaje e, incluso, hacia la desmotivación. Lo mismo puede aplicarse a los docentes, pues también es necesario definir cuáles son nuestros conocimientos y nuestras destrezas como profesores.

5) ¿De cuánto tiempo disponemos como docentes y de cuánto tiempo disponen los estudiantes? La cuestión del tiempo no es baladí, ya que una

mala programación temporal por parte del profesorado puede llevar a que no pueda verse concluido el programa de enseñanza, pues no debemos perder nunca de vista la progresión en los niveles de referencia. Y, por otro lado, el tiempo del que disponen los estudiantes, tanto en el aula como fuera de ella, también debe ser incorporado a la programación didáctica. Ayuda el haber definido bien no solo la tipología de uso de la lengua cuanto, sobre todo, tener claro la tipología del estudiante para no llegar a una desmotivación del mismo.

Así pues, las competencias que debe poseer un docente de lengua extranjera le servirán para dar una respuesta eficaz a las distintas situaciones con las que se enfrentará en su desarrollo profesional tanto dentro del aula, sabiendo planificar las diferentes secuencias didácticas, como fuera de ella, trabajando con el equipo docente, con los compañeros de otras áreas lingüísticas y estando en contacto con el colectivo de docentes de lenguas extranjeras.

La mejor manera de organizar y planificar secuencias didácticas de diferente extensión que sean motivadoras para los alumnos es el uso de lo que se conoce como unidad didáctica.

```
SIMULAR SITUACIONES COMUNICATIVAS AUTÉNTICAS
```

```
                    Comprensión oral
                           │
Expresión e interacción ── Desarrollar las destrezas ── Expresión e interacción
       escrita                comunicativas                     oral
                           │
                   Comprensión lectora
```

```
EXPLICACIÓN GRAMATICAL Y BATERÍA DE EJERCICIOS GRAMATICALES
```

Desde hace ya mucho tiempo los profesores de lenguas extranjeras trabajan con el concepto de unidad didáctica y, de hecho, casi todos los métodos comunicativos funcionan sobre la base de la división del aprendizaje por secciones que permiten tanto al docente como al estudiante individualizar fácilmente el objetivo que se persigue con la actividad, al tiempo que da cabida a los cuatro componentes de los que hablamos con anterioridad: gramatical, textual, léxico y comunicativo.

Para organizar las secuencias didácticas, es necesario preparar y seleccionar bien los materiales docentes de acuerdo con la tipología del usuario y del curso y conforme a los diferentes niveles de aprendizaje y destrezas que se quieran practicar. Dichos materiales deberán tener en cuenta igualmente, además del *Plan Curricular*, los documentos curriculares del centro y del equipo docente, así como las necesidades particulares del grupo de estudiantes. En la fase de organización es importante identificar las necesidades y los objetivos del aprendizaje e implicar a los alumnos para mantener una motivación alta, proponiendo temas que a ellos les puedan interesar y seleccionando materiales y actividades atrayentes y dinamizadores. En este sentido es importante promover que el estudiante defina su propio proyecto de aprendizaje al tiempo que se le motiva para que se responsabilice de su propio aprendizaje. El profesorado debe ayudar al estudiante a identificar tanto sus necesidades como los objetivos al tiempo que le orienta en el desarrollo de su capacidad de aprender. Por otro lado, es también aconsejable que el docente lleve un diario y que tome notas durante la clase para ajustar y, en su caso, mejorar la tarea docente promoviendo el proceso de retroalimentación.

Por lo que se refiere al uso de las TIC, se insiste en el uso responsable y ético de las mismas y en la necesidad de las destrezas del docente a la hora de usar este tipo de equipamiento en el aula. Se recomienda igualmente integrar recursos tecnológicos del Instituto Cervantes como el Aula Virtual del Español (AVE Global)[29]. Entre las recomendaciones que se ofrecen al profesorado, se insiste en seleccionar adecuadamente los materiales y recursos tecnológicos, en función de la tipología de estudiantes, en abrir foros de debate en plataformas digitales y virtuales, o en crear una cuenta de correo electrónico específica para alumnos y docentes. Desde la perspectiva profesional se recomienda la participación activa de los docentes en foros de debate y foros especializados.

A la hora de aplicar normas y de seleccionar tanto los materiales adyacentes como la tipología de actividades, la docencia debe adaptarse a las características socioculturales del entorno y a las diferentes identidades culturales. El docente debe sentir empatía y potenciar la multiculturalidad (si fuera el caso) o los distintos puntos en común del aula. También debe promover el conocimiento mutuo de culturas, incluida la propia.

Es igualmente importante que el docente motive a los estudiantes estableciendo objetivos a corto, medio y largo plazo, pudiendo hacer coincidir esos

---

[29] Disponible en: http://ave.cervantes.es.

objetivos con la duración de la clase, de la unidad didáctica y del curso. La finalidad de ello es que los estudiantes se sientan cada vez más autónomos y seguros haciéndoles ver que las destrezas que aprenden no se adquieren todas al mismo tiempo o al mismo ritmo. La motivación y la gestión de sentimientos y emociones deben formar parte del proceso de enseñanza-aprendizaje, pues mantener un buen ambiente de trabajo tanto en el centro como dentro del aula favorece dicho proceso. Por parte del docente, este debe colaborar en proyectos de acción y estar en contacto con los demás compañeros de trabajo y, de cara a los estudiantes, debe establecer objetivos alcanzables y formas adecuadas de actuación.

Por lo que se refiere a las herramientas de evaluación es necesario tener en cuenta que se evalúa con diferentes propósitos y en función de las diferentes destrezas comunicativas; por ello, es conveniente servirse de herramientas y procedimientos de evaluación utilizando unas y otros de acuerdo con el propósito de la evaluación y el tipo de información que se precisa, poniendo las distintas herramientas en función de la finalidad: exámenes, cuadernos de documentación, diarios de aprendizaje, tests o cuestionarios de reflexión son algunas de ellas. Además, debemos esforzarnos por mostrar que la evaluación debe interpretarse como algo positivo y para ello se puede introducir tanto el concepto de heteroevaluación como de la autoevaluación una vez concluida la tarea o la actividad didáctica.

Finalmente, fuera del aula y en su relación con el entorno docente, en el proceso de desarrollo profesional se deben detectar las necesidades de formación, planificando acciones de desarrollo profesional concretas y con objetivos definidos, y llevando un seguimiento de las mismas. Igualmente, el docente debe participar en el proceso de desarrollo profesional de los equipos docentes intercambiando ideas, materiales y actividades y diseñando igualmente acciones formativas. No menos importante es colaborar con el resto de equipos docentes del centro programando actividades conjuntas, por ejemplo, de tipo cultural y que impliquen tanto a los grupos docentes como a todo el alumnado. Ello ayuda a crear un ambiente de cordialidad que favorece el proceso de enseñanza-aprendizaje.

7. TEMAS PARA LA REFLEXIÓN

Como se ha visto, el origen mismo del *MCER* obedece a la voluntad por parte del Consejo de Europa de resolver la problemática ocasionada por la enorme heterogeneidad en los sistemas de evaluación y certificación de las distintas lenguas europeas. Tomando como base este principio fundamental y apoyándonos en los numerosos estudios que el propio Consejo de Europa encargó sobre esta cuestión[30] proponemos la reflexión acerca de la consecución de dichos objetivos, especialmente desde el punto de vista del docente de ELE. Para guiar la reflexión y el debate proponemos las siguientes preguntas:

- Desde tu punto de vista, ¿la aplicación del *MCER* ha sido eficaz para la resolución de problemas que existían con anterioridad a su implantación en el ámbito de la enseñanza-aprendizaje y acreditación de ELE?
- ¿Hay algún aspecto del sistema de enseñanza-aprendizaje y acreditación de ELE que presente nuevos problemas como consecuencia de la implantación del *MCER* o has detectado algún problema o alguna dificultad que se podrían solventar pasando por alto algunos de los criterios que establece el *MCER*?
- Como docente de ELE, ¿hasta qué punto te parece relevante la existencia y aplicación del *MCER* como sistema homogeneizador de enseñanza-aprendizaje y acreditación de distintas lenguas extranjeras?
- ¿Por qué motivo y de qué forma cambian las programaciones de cursos para enseñanza-aprendizaje de ELE en un determinado nivel y los de preparación a los exámenes de certificación?

8. BIBLIOGRAFÍA BÁSICA COMENTADA

COUNCIL OF EUROPE (1992): *Transparency and coherence in language learning in Europe: objectives, evaluation, certification / Transparence et cohérence dans l'apprentissage des langues en Europe: objectifs, évaluation, certification and coherence.* Strasbourg: Council of Europe.
•Disponible (inglés) en: www.coe.int/t/dg4/linguistic/Ruschlikon1991_en.pdf•
•Disponible (francés) en: http://www.coe.int/t/dg4/linguistic/Ruschlikon1991_fr.pdf•
Este volumen se erige como un documento único para comprender los orígenes más cercanos del *MCER*; se trata del informe que recoge los debates y las contribuciones presentados en la homónima cumbre de Rüschlikon (1991). El documento se articula en torno a cinco bloques: 1. Introducción; 2. Resúmenes de las conclusiones de los grupos de trabajo; 3. Conclusiones y recomendaciones del simposio; 4. Intervenciones de los participantes; 5. Resumen de la clausura. De estos, nos parece especialmente digno de mención el cuarto, que destaca por ofrecer un detallado estado de la cuestión de los mecanismos de evaluación lingüística en Europa a principios de la

---

[30] Véanse la bibliografía comentada de este capítulo y la sección de publicaciones de la página web del Consejo de Europa: www.coe.int/t/dg4/linguistic/Publications_EN.asp (en inglés); www.coe.int/t/dg4/linguistic/Publications_fr.asp (en francés).

década de 1990, así como de sus principales ventajas o de los problemas y carencias detectados por parte del personal involucrado en el mismo proceso de evaluación y certificación.

Consejo de Europa (2007): *Modern Languages in the Council of Europe, 1954-1997.International Co-operation in Support of Lifelong Language Learning for Effective Communication, Mutual Cultural Enrichment and Democratic Citizenship in Europe.* Estrasburgo: Consejo de Europa.
•Disponible en: http://www.coe.int/t/dg4/linguistic/Publications_EN.asp•
Para conocer los antecedentes acerca de la preocupación por la enseñanza-aprendizaje de las lenguas europeas en el seno del Consejo de Europa, así como de la relación que el organismo supranacional ha establecido siempre entre este fenómeno y la creación de una ciudadanía más preparada y libre, es de gran utilidad esta obra, supervisada por JohnL. M. Trim. El volumen se divide en nueve capítulos, de los cuales los seis iniciales se dividen según criterios cronológicos (1. 1954-63; 2. 1964-74; 3. 1975-77; 4. 1978-81; 5. 1982-87; 6. 1990-97), el séptimo estudia exclusivamente el *MCER* y el *Portfolio,* el octavo está dedicado al Centro Europeo de Lenguas Modernas y el noveno recoge una síntesis global a modo de conclusión.

Davies, A. (1990): *Principles of Language Testing.*Oxford: Basil Backwell.
El autor pretende fijar un marco conceptual para la evaluación de los dominios lingüísticos proponiendo una serie de tesis para demostrar partiendo, como hace en el capítulo uno, del hecho de que la evaluación en el aprendizaje de las lenguas es fundamental tanto para el proceso global de la enseñanza de la lengua como para las investigaciones de Lingüística Aplicada. En lo que a la didáctica atañe, Davies argumenta que el análisis tanto de los modelos como de las pruebas realizadas proporciona unos datos fundamentales para determinar criterios y objetivos del proceso de evaluación a partir de los cuales elaborar cursos y planes curriculares. De este modo, el autor llama la atención en la interrelación entre enseñanza y evaluación. Se trata de un concepto que se halla en los fundamentos teóricos del *MCER* y que, de hecho, queda patente en el título del documento, *Marco común europeo de referencia para las lenguas: aprendizaje, enseñanza, evaluación*.

García Santa-Cecilia, A. (entrevista) (2007): «*Plan curricular del Instituto Cervantes:* niveles de referencia para el español»,

MarcoELE. Revista de Didáctica del Español Lengua Extranjera 5.
•Disponible en: http://www.marcoele.com/num/5/02e3c0996d0b21401/alvarogsantacecilia.pdf•

La entrevista en 2007 al que era en ese momento Jefe del Departamento de Ordenación Académica del Institutito Cervantes es útil para reflexionar sobre el nuevo *Plan curricular* publicado en 2006. En primer lugar, la comparación con la versión inicial de 1994 da cuenta de una evolución constante en el ámbito teórico-práctico de la enseñanza, aprendizaje y evaluación del español como lengua extranjera, tanto en un sentido cualitativo como cuantitativo. La entrevista, además, puede considerarse como introducción al *Plan curricular* ya que no solo aclara los principios lingüísticos y didácticos en los que se fundamenta, sino que hace hincapié en cómo, a lo largo de los distintos tomos de la obra, se articulan, por niveles, las categorías descriptivas del *Marco Común Europeo de Referencia para las Lenguas (MCER)* en el caso específico del idioma español. Por último, se describen ampliamente las aplicaciones prácticas y la utilidad de un instrumento único a disposición de los profesionales de la enseñanza del español como lengua extranjera.

Huhta, A. (2008): «Asociaciones internacionales de evaluación y pruebas de lengua. ¿Qué son y qué hacen?» en Puig, F. (ed.), *Evaluación, Monográficos MarcoELE. Revista de Didáctica del Español Lengua Extranjera* 7, pp. 42-51.
•Disponible en: http//marcoele.com/descargas/evaluacion/evaluacion.pdf•

El artículo ofrece un cuadro exhaustivo de la cooperación internacional en la evaluación de lenguas extranjeras y segundas lenguas en Europa y en el mundo, deteniéndose en concreto en las principales organizaciones profesionales internacionales que promueven la evaluación de lenguas: ILTA, ALTE y EALTA. Se describen, respectivamente, sus objetivos y sus actividades. La lectura del artículo ofrece la ocasión de reflexionar sobre los conceptos de *validez, viabilidad* y *fiabilidad* que, tal y como se explica en el capítulo nueve del *MCER*, «se consideran fundamentales en cualquier análisis de la evaluación». De ahí la necesidad que tienen las principales asociaciones internacionales de evaluación de elaborar un conjunto de directrices sobre su comportamiento ético y profesional. En la última parte se aborda otra cuestión clave al cuestionar la utilidad de tales organizaciones internacionales en el desarrollo profesional de los profesores de lengua u otros expertos en la enseñanza de lenguas, y no solo para los diseñadores de pruebas de lengua.

Consejo de Europa (2002): *Marco Común Europeo de Referencia para las Lenguas: aprendizaje, enseñanza, evaluación.*

Madrid: Ministerio de Educación, Cultura y Deporte, Instituto Cervantes, Anaya.
•Disponible en: http://cvc.cervantes.es/ensenanza/biblioteca_ele/marco/cvc_mer.pdf•

Council of Europe (2001): *Common European Framework of Reference for Languages: Learning, Teaching, Assessment.* Cambridge: Cambridge University Press.
•Disponible en: http://www.coe.int/t/dg4/linguistic/source/framework_en.pdf•
Este documento es, sin lugar a duda, una herramienta imprescindible. Se compone de una Presentación, nota preliminar, notas para el usuario del *Marco Común Europeo de Referencia*, sinopsis, 9 capítulos y multíplices subapartados, 4 anejos y la bibliografía general. Es una obra que ha marcado las líneas generales de la enseñanza y aprendizaje de lenguas en Europa y ha contribuido a la mejor reflexión sobre los problemas que interesan no solo a los profesionales de la enseñanza de lenguas sino también a los examinadores, autores de manuales y materiales didácticos, como es nuestro caso, formadores de profesorado y administradores educativos.

Llorián González, S. (2007): *Entender y utilizar el Marco común europeo de referencia desde el punto de vista del profesor*, Madrid, Santillana Educación.
Se trata de un estudio muy válido para todos los docentes de lenguas extranjeras, puesto que Llorián pretende, ante todo, ofrecer respuestas de tipo práctico ante las distintas necesidades que pueden requerir los docentes en relación con el *Marco Común Europeo de Referencia*. A través de explicaciones sencillas, la estudiosa aborda cada uno de los apartados del *Marco* para facilitar su aplicación práctica en lo que se refiere tanto a propuestas de actividades en el aula como a la ayuda en las programaciones docentes y evaluación. Todo ello lo convierte en un volumen de necesaria consulta para los docentes de lenguas extranjeras.

Moreno Fernández, F. (dir.) (2012): *Las competencias claves del profesorado de lenguas segundas y extranjeras*, Madrid: Instituto Cervantes.
•Disponible en: http://cvc.cervantes.es/ensenanza/biblioteca_ele/competencias/•
•Documento en pdf: http://dev.fedele.org/wp-content/uploads/2016/04/competencias_profesorado.pdf•
Este volumen editado por el Instituto Cervantes bajo la dirección de Francisco Moreno Fernández y con un equipo técnico formado por Elena Verdía, Ángels Ferrer y Concepción Rodrigo —del Departamento de Formación de Profesores— y por Marisa González —del Departamento de Ordenación Académica— se pro-

pone como finalidad fundamental atender a las necesidades de los docentes de español como segunda lengua y lengua extranjera para ayudar tanto a consolidar el perfil profesional de los mismos como a definir sus competencias. En este sentido se erige, pues, como uno de los documentos marco del Instituto Cervantes en lo que a acciones formativas se refiere. Consta de dos grandes capítulos más una bibliografía final, escueta pero práctica. En el primer apartado: «Modelos de competencias clave del profesorado de segundas lenguas y lenguas extranjeras» se definen ocho modelos de competencias clave y sus correspondientes competencias específicas; mientras que en el segundo capítulo «Descripción de las competencias clave del profesorado de lenguas segundas y extranjeras» se explican pormenorizadamente tanto unas como otras. Al partir del concepto de competencia entendida no como un recurso en sí mismo, sino como la capacidad del docente para poder tanto planificar su proceso de aprendizaje como los recursos docentes necesarios en los momentos pertinentes, este manual ofrece respuestas claras y dinámicas a los docentes que se acerquen a su lectura.

PERRENOUD, P. (2004): *Diez nuevas competencias para enseñar.* Barcelona: Graó.
Este volumen monográfico se inspira en una serie de artículos aparecidos en la revista *L'Éducateur* entre los años 1997 y 1998. Perrenoud se basa en ellos para definir las competencias que debe poseer todo profesor y según las cuales deben desarrollarse las programaciones docentes. El análisis llevado a cabo estructura las competencias en dos niveles: un primer nivel constituido por lo que el autor denomina *competencias de referencia*—las diez competencias que dan título al volumen y que son prioritarias para todo programa de formación— y por las *competencias específicas*—que concretan los diez dominios de formación—. Perrenoud ofrece en este manual una propuesta abierta, pero que ayuda al lector a reflexionar detenidamente sobre la práctica de la profesión docente.

ROSEN, E. y VARELA, R. (eds.) (2009): *Claves para comprender el Marco común europeo.* Madrid: enClave-ELE.
Es un libro que se compone de 9 capítulos repartidos en 3 partes en los cuales las profesoras Rosen y Varela nos facilitan algunas claves para comprender el *Marco común europeo* como el título del mismo libro cita. Editado por la editorial ENCLAVE-ELE de Madrid en 2009, es una herramienta muy importante para nuestra investigación porque explica de forma simple y detallada el origen del *Marco* (fundamentos teóricos, históricos y didácticos) y su parte práctica en el aula (evaluación, autoevaluación), haciendo especial hincapié en el *Portfolio*. Destaca por su claridad expositiva en temas como el plurilingüismo, la autoevaluación, el presente y el futuro del *Marco*, proporcionándonos, en su parte final, una bibliografía extensa y actualizada de gran utilidad.

GLOSARIO[1]

ACTUACIÓN: conducta lingüística observable en el hablante. Se opone a la competencia o el sistema lingüístico interno que se ha configurado en la mente del hablante y que subyace a cualquier actuación. Este par dicotómico surge en el marco de la Gramática Generativa.

APRENDIZAJE AUTÓNOMO: Modo de aprendizaje que subraya la capacidad del alumnado para aprender por sí mismo. Esta concepción está presente en el *MCER*.

ARBITRARIEDAD: propiedad del signo lingüístico que se refiere a la inexistencia de relación lógica o motivación entre significante y significado. A estas relaciones subyace una asociación de carácter convencional. Se trata de una característica fundamental del signo en la lingüística saussureana.

COMPETENCIA: conjunto de conocimientos, destrezas y características personales necesarios para realizar acciones. Las competencias pueden ser generales (saber, saber hacer, saber ser, saber aprender), si no se desarrollan directamente con el uso de la lengua, o comunicativas, si se recurre al empleo de medios lingüísticos. Esta última se subdivide, a su vez, en: competencia lingüística, competencia sociolingüística, competencia discursiva, competencia estratégica y competencia sociocultural. En la lingüística generativa (junto a la ACTUACIÓN) se trata del conjunto de conocimientos intuitivos que un hablante posee de una lengua.

---

[1] Este glosario se ha concebido como complemento a la formación que cada lector/a tenga, sobre todo, para quienes se acercan a esta obra desde disciplinas distintas a las del ámbito lingüístico o filológico. En algunas definiciones de términos se ha optado por la divulgación frente al rigor técnico, dado el carácter no especializado del potencial público. En su mayoría, las definiciones, en muchos casos literales, proceden de fuentes autorizadas en materia lingüística. Estas son las fuentes empleadas para este volumen: CONSEJO DE EUROPA (2001): *Marco común europeo de referencia para las lenguas aprendizaje, enseñanza, evaluación.* Madrid: Anaya; INSTITUTO CERVANTES (2006): *Plan Curricular del Instituto Cervantes: niveles de referencia para el español.* Madrid: Instituto Cervantes y Biblioteca Nueva; Ernesto MARTÍN PERIS (dir.) (2007): *Diccionario de términos clave de ELE.* Disponible en línea: <http://cvc.cervantes.es/ensenanza/biblioteca_ele/diccio_ele/> [Consulta: 18.02.16]; Jack RICHARDS y Theodore RODGERS (2003 [2001]): *Enfoques y métodos en la enseñanza de idiomas.* Madrid: Cambridge University; Aquilino SÁNCHEZ PÉREZ (2005): *Historia de la enseñanza del español como lengua extranjera.* Edición en soporte electrónico: http://www.um.es/lacell/miembros/asp/masterELE/histoele.pdf [Consulta: 17.02.16].

Constructivismo: modelo pedagógico que concibe el aprendizaje como un proceso en el que el conocimiento surge de la relación entre las ideas previas del aprendiz y los nuevos contenidos, de manera que es él quien construye la información nueva. El constructivismo puede ser cognitivo, si se centra en el propio individuo, o social, en caso de que el conocimiento se construya mediante la interacción con otros.

Estructura profunda y estructura superficial: niveles de la estructura lingüística que surgen a partir de los primeros modelos de la Gramática Generativa. La primera se refiere a la representación abstracta de una estructura de la lengua que el sujeto tiene en su mente, mientras que la estructura superficial alude a la materialización de la estructura profunda, a partir de una serie de transformaciones que se producen sobre ella.

Filtro afectivo: hipótesis formulada por Krashen (1983) que afirma la influencia de la actitud, los sentimientos y el estado anímico del aprendiente en el proceso de adquisición, ya sea de forma positiva o negativa.

Heteroevaluación: modo de evaluar el trabajo o el rendimiento de otra persona en el que evaluador y evaluado pertenecen a distintas posiciones jerárquicas. La evaluación del profesor sobre el aprendiz es de este tipo.

Inmersión lingüística: programa de adquisición de una L2 en un contexto educativo formal en el que todas o varias materias se cursan en la nueva lengua, con el objetivo de favorecer el bilingüismo. Puede ser total o parcial, o temprana o tardía.

Inteligencia artificial: rama de la Informática, relacionada también con la Lógica y las Ciencias cognitivas, cuyo objetivo es la programación de sistemas computacionales que permitan la realización de actividades del mismo modo que si fueran realizadas por un ser humano.

Interferencia: error que se produce en las actuaciones lingüísticas del aprendiz de una L2 por influencia de la LM, por lo que presupone una visión negativa de la LM en el proceso de adquisición de segundas lenguas. Cuando, por el contrario, esta facilita el aprendizaje, se habla de *transferencia positiva*.

Interlengua: sistema lingüístico situado entre la LM y la L2/LE de un aprendiente que se configura durante el proceso de adquisición (Selinker 1972). Es un sistema individual, pues varía de un aprendiz a otro; se rige por sus propias reglas y se modifica continuamente conforme avanza la adquisición.

Mapa conceptual: herramienta didáctica que facilita la adquisición de conocimientos. Supone la creación de una red de conceptos que permite, a su vez, la representación de las relaciones que se establecen entre estos. El *enfoque léxico* apuesta por el empleo de mapas conceptuales.

Minimalismo: programa de investigación que surge en el marco de la Gramática Generativa de los años 90 para explicar la facultad del lenguaje a partir de unas reglas mínimas, por lo que suele haber un grado mayor de abstracción. Supone un avance conceptualista de teorías anteriores del Generativismo.

Modelo PPP: modelo de enseñanza de segundas lenguas, especialmente de la gramática, que sigue un enfoque deductivo, a partir de las fases de Presentación, Práctica y Producción.

Motivación: influencia sobre el sujeto para que actúe de un modo determinado. Es necesario que este se sienta atraído por un objetivo, extrínseco o intrínseco, que posibilite la aceptación del esfuerzo que ha de realizar para lograr su objetivo.

Periodo crítico: según Lenneberg (1967) es la etapa que atraviesa un niño hasta la pubertad, durante la cual se produce la adquisición de la LM. Transcurrido el periodo crítico, las capacidades para adquirir la lengua disminuyen. Actualmente, se opta por la existencia de diferentes etapas de maduración cerebral.

Proceso estímulo-respuesta: mecanismo sobre el que se fundamenta el conductismo. Como la adquisición de la L2/LE se entiende como un proceso de formación de hábitos, los estímulos son aquellos factores que provocan cambios en la conducta lingüística del sujeto, y la respuesta es la conducta en sí, de modo que la repetición de una determinada respuesta asociada a un determinado estímulo provocará la aparición del hábito.

Syllabus gramatical: programa educativo en el que se recogen los aspectos gramaticales que van a aprenderse durante un curso académico graduados de acuerdo con su nivel de dificultad. Incluye también actividades y objetivos.

REFERENCIAS BIBLIOGRÁFICAS

AITCHISON, J. (1989): *The articulate mammal*. London: Unwin Hyman.

ALEXANDER, L. G. (1967): *First things first: an integrated course for beginners*. London: Longman.

ANDERSON, J. R. (1983): *The architecture of cognition*. Cambridge, Mass.: Harvard University Press.

ANTHONY, E. M. (1983): «Approach, Method and Technique», *English Language Teaching* 17, pp. 63-67.

ANULA REBOLLO, A. (1998): *El abecé de la psicolingüística*. Madrid: Arco Libros, S.L.

ATKINSON, R. C. y SHIFFRIN, R. M. (1968): «Human memory: A proposed system and its control processes» en SPENCE, K. W. y SPENCE, J. T. (eds.), *Psychology of learning and motivation*. Vol. 2. Elsevier.

BAILEY, C. (1982): *On the yin and yang nature of language*. Ann Arbor: Karoma Press.

BARALO, M. (2011): *La adquisición del español como lengua extranjera*. Madrid: Arco/Libros.

BELL, J. (1994): *Teaching Multilevel Classes in ESL*. Markham, Ontario: Pippin.

BERLITZ, M. D. y MARTÍNEZ, M. F. (1890): *Método Berlitz, para la enseñanza de idiomas modernos. Parte española*. New York: Berlitz & Co.; Boston, C. Schoenhof.

BLOCH, B. y TRAGER, G. L. (1942): *Outline of Linguistic Analysis*. Baltimore: Linguistic Society of America.

BLOOMFIELD, L. (1942): *An Outline Guide for the Practical Study of Foreign Languages*. Baltimore: Linguistic Society of America.

BREEN, M. (1987): «Paradigmas contemporáneos en el diseño de programas de enseñanza de lenguas». Disponible en: http://www.quadernsdigitals.net.

BROWN, C. (1995): *Vocabulary, Semantics and Language Education*. New York: Cambridge University Press.

BROWN, H. D. (1994): *Principles of Foreign Language Learning and Teaching*. Englewood Cliffs, New Jersey: Prentice Hall.

BUSTOS GUADAÑO, E. (2000): *Filosofía del lenguaje*. Madrid: UNED.

CAMERON, L. (2001): *Teaching Languages to Young Learners*. Cambridge: Cambridge University Press.

CANALE, M. (1983): «From communicative competence to communicative language pedagogy» en CANDLIN, C. N. (ed.), *Language and Communication*. Harlow: Longman, pp. 2-27.

Canale, M. y Swain, M. (1980): «Theoretical bases of communicative approaches to second language teaching and testing», *Applied Linguistics* 1(1), pp. 1-47.

Candlin, C. (1976): «Communication language teaching and the debt to pragmatics» en Rameh, C. (ed.), *Georgetown University Roundtable*. Washington D. C.: Georgetown University Press.

Candlin, C. (1987): «Towards task-based language learning» en Candlin C. y Murphy, D. (eds.), *Language Learning Tasks*. Englewood Cliffs, NJ: Prentice-Hall.

Capelle, J. et al. (1969): *La France en direct*. Paris: Hachette.

Centre de Recherche en Linguistique Appliquée (1962): *Voix et images de la France*. Université de Moncton (Canadá).

Centro Virtual Cervantes (1997-2015): *Diccionario de términos clave de ELE [Diccionario CVC]*. Disponible en: http://cvc.cervantes.es/Ensenanza/biblioteca_ele/diccio_ele/indice.htm#l.

Chafe, W. L. (1970): *Meaning and the Structure of Language*. Chicago: The University of Chicago Press.

Chamot, A. y O'Malley, J. (1996): «The Cognitive Academic Language Learning Approach: A model for linguistically diverse classrooms», *The Elementary School Journal* 96(3), pp. 258-273.

Chomsky, N. (1965): *Aspects of the Theory of Syntax*. Cambridge, Mass: MIT Press.

Cohen, A. D. (1990): *Language learning*. Rowley MA: Newbury House.

Consejo de Europa (2002): *Marco Común Europeo de Referencia para las Lenguas: aprendizaje, enseñanza, evaluación*. Madrid: Ministerio de Educación, Cultura y Deporte, Instituto Cervantes, Anaya. Disponible en: http://cvc.cervantes.es/obref/marco.

Cook, V. (1992): «Evidence for multicompetence», *Language Learning* 42(4), pp. 557-559.

Cook, V. (1993): *Linguistics and second language acquisition*. Basingstoke: Macmillan.

Cook, V. (1996): *Second language learning and language teaching*. London: Arnold.

Cook, V. (1997): *Inside language*. London: Arnold.

Corder, S. (1967): «The significance of learner's errors», *International Review of Applied Linguistics* 5, pp. 161-170. [Recogido en Corder, S. (1981): *Error Analysis and Interlanguage*. Oxford: Oxford University Press; traducido al español como «La importancia de los errores del que aprende una lengua segunda», en Muñoz Liceras, J. (comp.) (1992), *La adquisición de las lenguas extranjeras: hacia un modelo de análisis de la interlengua*. Madrid: Visor, pp. 31-40].

Corder, S. (1981): *Error analysis and interlanguage*. Oxford: Oxford University Press.

REFERENCIAS BIBLIOGRÁFICAS

Council of Europe (1992): *Transparency and coherence in language learning in Europe: objectives, evaluation, certification / Transparence et cohérence dans l'apprentissage des langues en Europe: objectifs, évaluation, certification and coherence*. Strasbourg: Council of Europe.

Council of Europe (2001): *Common European Framework of Reference for Languages: Learning, Teaching, Assessment*. Cambridge: Cambridge University Press. Disponible en: http://www.coe.int/t/dg4/linguistic/source/framework_en.pdf.

Council of Europe (2007): *Modern Languages in the Council of Europe, 1954-1997. International Co-operation in Support of Lifelong Language Learning for Effective Communication, Mutual Cultural Enrichment and Democratic Citizenship in Europe*. Strasbourg: Council of Europe.

Crystal, D. (1985): «How many millions? The statistics of English today», *English Today* 1, pp. 7-9.

Damasio, A. R. y Damasio, H. (1992): «Cerebro y Lenguaje», *Investigación y Ciencia* 194, pp. 59-66.

Damasio, A. R. (2010): *Y el cerebro creó al hombre*. Barcelona: Paidós.

Davies, A. (1990): *Principles of Language Testing*. Oxford: Basil Backwell.

Driscoll, P. y Frost, D. (eds.) (1999): *The Teaching of Modern Foreign Languages In the Primary School*. London: Routledge.

Durão, A. B. (2007): *La interlengua*. Madrid: Arco/Libros.

Ellis, R. (1990): *Instructed Second Language Acquisition*. Oxford: Blackwell.

Ellis, R. (1994): *The study of second language acquisition*. Oxford: Oxford University Press.

Equipo Avance (1986): *Antena I. Curso de español para extranjeros*. Madrid: SGEL.

Equipo Avance (1988): *Antena II. Curso de español para extranjeros*. Madrid: SGEL.

Equipo Avance (1989): *Antena III. Curso de español para extranjeros*. Madrid: SGEL.

Faucett, L., West, M. P., Palmer, H. E. y Thorndike, E. L. (1936): *Interim report on vocabulary selection for the teaching of English as a foreign language*. London: P. S. King.

Fernández, E. y Leganés, E. (2012): «Revisiting the benefit of contrastive analysis for early language learning», *Skopos. Revista internacional de traducción e interpretación* 1, pp. 5-16.

Fernández, E. y Torralbo, J. (2011): *Inglés instrumental para adultos. Nivel A1*. Granada: GEU.

Fernández, E. y Torralbo, J. (2012): *Inglés instrumental para adultos. Nivel A2*. Granada: GEU.

Fernández, E. y Torralbo, J. (2013): *Inglés instrumental para adultos. Nivel B1.* Córdoba: Ediciones Don Folio.

Fillmore, C. J. (1982): «Frame semantics» en Linguistic Society of Korea (ed.), *Linguistics in the Morning Calm.* Seoul: Manshin Publishing Company, pp. 111-137.

Fodor, J. A. (1975): *The language of thought.* Harvard: Harvard University Press.

Gagné, E. (1985): *The cognitive psychology of school learning.* Boston, Mass.: Little, Brown.

García Doval, F., Guillén, C., González Piñeiro, M., González Porto, J., Serna, I., Vez, J. M. (2004): «Marco y Portafolio: *porta linguarum* para los europeos», *Porta linguarum* 2, pp. 69-92.

García Santa-Cecilia, Á. (2002): «Bases comunes para una Europa plurilingüe: *Marco común europeo de referencia para las lenguas*», *El español en el mundo, Anuario del Instituto Cervantes,* pp. 13-34. Disponible en: http://cvc.cervantes.es/lengua/anuario/anuario_02/garcia/p04.htm.

García Santa-Cecilia, Á. (2004): «La enseñanza del español como lengua extranjera desde la perspectiva del *Marco común europeo de referencia*», *III Congreso Internacional de la Lengua Española: Identidad Lingüística y Globalización* (17-20 noviembre 2004), Rosario (Argentina) en Instituto Cervantes (ed.), *La enseñanza del español en el mundo. Hacia una acción coordinada.* Disponible en: http://cvc.cervantes.es/obref/congresos/rosario/ponencias/internacional/garcia_a.htm.

García Santa-Cecilia, Á. (entrevista) (2007): «*Plan curricular del Instituto Cervantes:* niveles de referencia para el español», *MarcoELE. Revista de Didáctica del Español Lengua Extranjera* 5. Disponible en: http://www.marcoele.com/num/5/02e3c0996d0b21401/alvarogsantacecilia.pdf.

Gardner, H. (1985): *The mind's new science: a history of the cognitive revolution.* New York: Basic Books.

Gardner, J. (1987): *La nueva ciencia de la mente: Historia de la revolución cognitiva.* Barcelona: Ed. Paidós.

Halliday, M. A. K. (1975): *Learning how to mean.* London: Edward Arnold.

Harley, B., Allen, P., Cummins, J., y Swain, M. (eds.) (1990): *The Development of Second Language Proficiency.* Cambridge: Cambridge University Press.

Harmer, J. (2001): *The Practice of English Language Teaching.* Harlow: Longman.

Hart, S. (2012): *El lenguaje de los animales.* Barcelona: Ediciones Omega.

Hatch, E. (1978): *Second language acquisition: A book of readings.* Rowley, Mass: Newbury House.

Hornby, A. S. (1954): *A Guide to patterns and usage in English.* London: Oxford University Press.

Hymes, D. (1972): «On communicative competence» en Pride, J. B. y Holmes, J. (eds.), *Sociolinguistics: Selected readings*. Harmondsworth: Penguin Education; en español: «Acerca de la competencia comunicativa» en Llobera, M. et al. (1995), *Competencia comunicativa. Documentos básicos en la enseñanza de lenguas extranjeras*. Madrid: Edelsa, pp. 27-47.

Johnson, M. (1987): *The body in the mind*. Chicago: Chicago University Press.

Klein, W. (1994): *Second language acquisition*. Cambridge: Cambridge University Press.

Krashen, S. (1982): *Principles and Practice in Second Language Acquisition*. Oxford: Pergamon Press.

Kuhn, F. (1963): *The structure of scientific revolutions*. Chicago: Chicago University Press.

Lado, R. (1964): *Language teaching. A scientific approach*. New York: McGraw Hill.

Lakoff, G. (1982): *Categories and cognitive models*. Berkeley: Cognitive Science Report.

Lakoff, G. (1987): *Women, fire and dangerous things: What categories reveal about the mind*. Chicago: Chicago University Press.

Lakoff, G. (1993): «The contemporary theory of metaphor» en Ortony, A. (ed.), *Metaphor and thought*. Cambridge: Cambridge University Press, pp. 202-251.

Landry, R. G. (1974): «A comparison of second language learners and monolinguals on divergent thinking tasks at the elementary school level», *Modern Language Journal* 58, pp. 10-15.

Langacker, R. (1982): *Cognitive grammar. A basic introduction*. Oxford: Oxford University Press.

Langacker, R. (1987): *Foundations of cognitive grammar*. Standford: Standford University Press.

Larsen-Freeman, D. y Long, M. (1994): *Introducción al estudio de la adquisición de segundas lenguas* (Molina, I. y Benítez, P., trads. y eds.). Madrid: Gredos.

Leganés, E. (2013): *Aprovechamiento de la especialización fonetológica en el proceso de adquisición de segundas lenguas. Aplicación del BRaIN Method*. Córdoba: Servicio de Publicaciones de la Universidad de Córdoba.

Lenneberg, E. H. (1967): *Biological Foundations of Language*. New York: Wiley.

Lewandowska, B. (1994): «Verb senses and the dictionary», *Linguistica Antverpiensia* XXVIII, pp. 47-66.

Lightbown, M. (1985): «Great expectations: Second-language acquisition research and classroom teaching», *Applied Linguistics* 6(2), pp. 173-189.

Lorián, S. (2007): *Entender y utilizar el Marco común europeo de referencia desde el punto de vista del profesor de lenguas*. Santillana: Universidad de Salamanca

McGroarty, M. (1984): «Some meanings of communicative competence for second language students», *TESOL Quarterly* 18, pp. 257-272.

Mel'cuk, I. (1988): *Dependency syntax: Theory and practice*. New York: State University of New York.

Merino de Diego, M. C. (2008): «El aula y el idioma: necesidades de formación en lengua para el docente en el currículo integrado de inglés», *Proyectos de Investigación Educativa, A-A1*. Consejería de Educación: Comunidad de Madrid.

Moreno Fernández, F. (dir.) (2012): *Las competencias claves del profesorado de lenguas segundas y extranjeras*, Dirección: Francisco Moreno Fernández. Equipo Técnico: Elena Verdía, Àngels Ferrer y Concepción Rodrigo (Departamento de Formación de Profesores) y Marisa González (Departamento de Ordenación Académica). Madrid: Instituto Cervantes. Disponible en: http: cfp.cervantes.es/imagenes/File/competencias_profesorado.pdf.

Mumby, J. (1978): *Communicative Syllabus Design*. Cambridge: Cambridge University Press.

Newmeyer, F. (1988): *Linguistics: The Cambridge Survey. Vol. II: Linguistic theory: extensions and implications*. New York: Cambridge University Press.

Nunan, D. (1985): *Language Teaching Course Design: Trends and Issues*. Adelaida: National Curriculum Resource Centre.

Nunan, D. (1996/1997): *El diseño de tareas para la clase comunicativa*. Cambridge: Cambridge University Press.

Ollendorff, H. G. (1835): *Nouvelle méthode pour apprendre à lire, à écrire et à parler une langue en six mois, appliquée à l'allemand*. Paris: Chez l'auteur.

Pavón, V. (2006): «Análisis de las causas por las que la enseñanza de las destrezas orales obtiene resultados insatisfactorios en el entorno del aula y propuestas de mejora» en Amengual, M., Juan, M., Salazar, J. (eds.), *Adquisición y enseñanza de lenguas en contextos plurilingües. Ensayos y propuestas aplicadas*. Palma de Mallorca: AESLA-Universitat de les Illes Balears, pp. 417-431.

Perrenoud, P. (2004): *Diez nuevas competencias para enseñar*. Barcelona: Graó.

Pinker, S. (1994): *El instinto del lenguaje*. Madrid: Alianza.

Pinker, S. (2003): *La tabla rasa. La negación moderna de la naturaleza humana*. Madrid: Paidós Ibérica.

Pinker, S. (2007): *El mundo de las palabras. Una introducción a la naturaleza humana*. Barcelona: Paidós.

Prodromou, L. (1992): *Mixed Ability Classes*. London: MEP Macmillan.

Raimes, A. (1983): «Traditions and revolution in ESL teaching», *TESOL Quarterly* 17, pp. 535-552.
Ribé, R. y Vidal, N. (1995): *La enseñanza de la Lengua Extranjera en la Educación Secundaria*. Madrid: Alhambra Longman.
Richards, J. C. y Rodgers, T. S. (1986): *Approaches and Methods in English Language Teaching*. Cambridge: Cambridge University Press.
Richards, J. C. y Rodgers, T. S. (2001): *Approaches and methods in language teaching*. Cambridge: Cambridge University Press.
Richards, J. y Rodgers, T. S. (2003): *Enfoques y métodos en la enseñanza de idiomas* (Castrillo, J. M. y Condor, M., trads., García Santa-Cecilia, Á. y Mas, J. M., eds.). Madrid: Cambridge University Press.
Rivers, W. (1981): *Teaching Foreign-Language Skills*. Chicago: The University of Chicago Press.
Romaine, S. (1995): *Bilingualism*. Oxford: Blackwell.
Rosen, E. y Varela, R. (eds.) (2009): *Claves para comprender el* Marco común europeo. Madrid: Clave/ELE/CLE International.
Rosenberg, S. (1982): «The language on the mentally retarded: Developmment processes and intervention» en Rosenberg, S. (ed.), *Handbook of applied psycholinguistics: Major thrusts of research and theory*. Hillsdale, N. J.: Lawrence Erlbaum Associates.
Sánchez Pérez, A. (1992): *Historia de la enseñanza del español como lengua extranjera*. Madrid: SGEL.
Sánchez Pérez, A. (2009): *La enseñanza de idiomas en los últimos cien años: métodos y enfoques*. Madrid: SGEL.
Sánchez Pérez, A. et al. (1974): *Español en directo*. Madrid: SGEL.
Savignon, S. J. (1972): *Communicative Competence: an Experiment in Foreign Language Teaching*. Philadelphia: Centre for Curriculum Development.
Seliger, H. (1984): «Processing universals in second language acquisition» en Eckman, F., Bell, L. y Nelson, D. (eds.), *Universals of second language acquisition*. Rowley, Mass.: Newbury House, pp. 36-47.
Selinker, L. (1972): «Interlanguage», *International Review of Applied Linguistics* 10(3), pp. 209-231; en Muñoz Liceras, J. (trad. y comp.) (1992), *La adquisición de lenguas extranjeras: hacia un modelo de análisis de la interlengua*. Madrid: Visor.
Skehan, P. (1989): *Individual Differences in Second Language Learning*. London: Arnold.
Skinner, B. F. (1957): *Verbal behaviour*. New York: Appleton-Century-Crofts.
Slagter, P. (1979): *Un nivel umbral*. Strasbourg: Council of Europe.
Terrell, T. D. (1977): «A natural approach to second language acquisition», *Modern Language Journal* 61, pp. 325-336.

Ur, P. (1996): *A Course in Language Teaching*. Cambridge: Cambridge University Press.
Van Ek, J. A. (1975): *The Threshold Level*. Strasbourg: Council of Europe.
Varela, E. J., Thompson, E. y Rosch, E. (1991): «The embodied mind: Cognitive Science and Human Experience», *Cambridge Journal of Psychology* 65, pp. 498-504.
Vez Jeremías, J. M. (2004): «Aportaciones de la lingüística» en Sánchez Lobato, J. y Santos Gargallo, I. (dirs.), *Vademécum para la formación de profesores. Enseñar español como segunda lengua (L2)/lengua extranjera (LE)*. Madrid: SGEL, pp. 127-145.
Widdowson, H. G. (1978): *Teaching Language as Communication*. Oxford: Oxford University Press.
Wilkins, D. A. (1976): *Notional Syllabuses*. Strasbourg: Council of Europe.
Williams, M. y Burden, R. L. (1999): *Psicología para profesores de idiomas. Enfoque del constructivismo social*. Madrid: Cambridge University Press.
Woodward, T. (2001): *Planning Lessons and Courses*. Cambridge: Cambridge University Press.
Zanón, J. (1990): «Los enfoques por tareas para la enseñanza de lenguas extranjeras», *CABLE. Revista de didáctica del español como lengua extranjera* 5, pp. 19-28.

PERFIL PROFESIONAL DE LOS AUTORES/AS

Carmen Fátima Blanco Valdés

Área de Filología Italiana
Departamento de Ciencias del Lenguaje
Universidad de Córdoba, Facultad de Filosofía y Letras
ff1valdes@uco.es

Carmen F. Blanco Valdés es Catedrática de Filología Italiana en la Universidad de Córdoba. Ha sido Vicerrectora de Estudiantes y Cultura, Directora General de Cultura de la Universidad de Córdoba, así como Secretaria Académica de la Facultad de Filosofía y Letras. Es la Investigadora responsable del Grupo de Investigación: HUM 872 «Estudios de Filología Italiana y Traducción». Ha publicado numerosos artículos y estudios sobre Literatura Italiana, codicología y crítica textual, y sobre traductología literaria; dirigido varias tesis doctorales y realizado numerosas estancias de investigación en Universidades europeas y americanas. Es colaboradora habitual del Título de Experto en Metodología de la Enseñanza de Español como Lengua Extranjera de la Universidad de Córdoba. Ha dirigido igualmente varios proyectos de investigación y proyectos docentes entre los cuales cabe destacar el proyecto docente sobre los Niveles de Referencia en el *MCER*.

María Luisa Calero Vaquera

Área de Lingüística General
Departamento de Ciencias del Lenguaje
Universidad de Córdoba, Facultad de Filosofía y Letras,
mlcalero@uco.es

Doctora en Filosofía y Letras, es desde 1994 Catedrática de Lingüística General de la Universidad de Córdoba. Fue Premio Extraordinario de Licenciatura y de Doctorado. Sus líneas de investigación se centran en la historiografía lingüística, la semiología, la variación lingüística, los estudios de género y la gramática española, campos en los que ha publicado casi un centenar de artículos en revistas especializadas o capítulos de libros, y publicado/editado 23 libros. Ha coordinado diversos programas de Doctorado, dirigido varios proyectos docentes como coordinadora del Grupo Docente 52 de la UCO y ha sido investigadora principal del proyecto I+D "Los comienzos de la moderna sintaxis: Análisis lógico y gramatical en la enseñanza del español".

Eulalio Fernández Sánchez

Área de Filología Inglesa
Departamento de Filologías Inglesa y Alemana
Universidad de Córdoba, Facultad de Filosofía y Letras
ff1fesae@uco.es

Eulalio Fernández Sánchez es Doctor en Filología Inglesa por la Universidad de Córdoba. Ha desarrollado su investigación en el marco epistemológico de la ciencia cognitiva, y de forma más concreta, en la corriente de estudios lingüísticos de orientación cognitivista. En los últimos años se ha centrado en la aplicación de los principios teóricos básicos de este paradigma científico al proceso de adquisición y enseñanza de lenguas extranjeras, principalmente en el ámbito de la educación alternativa orientada a jóvenes aprendices, adultos, seniors y alumnos con necesidades educativas especiales.

Linda Garosi

Área de Filología Italiana
Departamento de Ciencias del Lenguaje
Universidad de Córdoba, Facultad de Filosofía y Letras
linda.garosi@uco.es

Linda Garosi es profesora del área de Filología Italiana de la Universidad de Córdoba. Su investigación se centra en la novela italiana de los siglos XIX y XX, así como en gramática contrastiva de lenguas afines ("Análisis contrastivo y traductológico de las metáforas zoomórficas del italiano y el español", *Translating Culture. Traduire la Culture. Traducir la Cultura*, Granada, Comares, 2013, pp. 1239-1248; "Oraciones pasivas en italiano y español", *Revista Española de Lingüística Aplicada* 9, 2010, pp. 122-133). Imparte cursos de lengua italiana en la Universidad de Córdoba desde 2005 y desde 2013 participa, como docente, en el Título Propio Experto en metodología de la enseñanza del español como lengua extranjera.

Giorgia Marangon

Área de Filología Italiana
Departamento de Ciencias del Lenguaje
Universidad de Córdoba, Facultad de Filosofía y Letras
lr1marmg@uco.es

Giorgia Marangon Bacciolo, doctora en Filología italiana por la Universidad de Sevilla, ejerce su labor docente como Profesora Contratada Doctora (acreditada a la figura de profesor Titular de Universidad) de la Universidad de Córdoba. Su investigación se centra principalmente en el estudio de la gramática contrastiva en el ámbito de las lenguas afines, la traducción literaria en la combinación lingüística italiano/español, italiano/francés y la literatura sepulcral europea. Fue Profesora Asociada Lectora de italiano en la Universidad de Sevilla entre los años 2001 y 2003 y profesora colaboradora de lengua italiana y traducción en la Universidad de Málaga entre los años 2004 y 2008. Desde el 2008 hasta la actualidad imparte clases de lengua italiana y traducción en la Universidad de Córdoba.

Víctor Pavón Vázquez

Área de Filología Inglesa
Departamento de Filologías Inglesa y Alemana
Universidad de Córdoba, Facultad de Filosofía y Letras,
victor.pavon@uco.es

Víctor Pavón Vázquez es Profesor Titular en la Universidad de Córdoba, donde enseña en las áreas de didáctica de lenguas extranjeras y bilingüismo. Actualmente es Coordinador de Política Lingüística en esta universidad y responsable del programa para la implantación de las titulaciones bilingües en la UCO. Forma parte de la Mesa Lingüística de Inglés de la CRUE y de la comisión para la elaboración del *Documento para la Internacionalización Lingüística de las Universidades Española*s (CRUE). Asimismo, codirige el Máster Oficial Europeo *Advanced English Studies (cognitive linguistics and literature) and Bilingual Education*.

Francisco José Rodríguez Mesa

Área de Filología Italiana
Departamento de Ciencias del Lenguaje

Universidad de Córdoba, Facultad de Filosofía y Letras,
l12romef@uco.es

Francisco José Rodríguez Mesa es profesor del Área de Filología Italiana de la Universidad de Córdoba, donde imparte clases de lengua italiana y de traducción IT <> ES. Una de sus principales ramas de investigación versa sobre traducción y traductología literarias entre lenguas romances (español, italiano, portugués), tema al que ha dedicado diversos artículos y publicaciones. Doctor Internacional en Filología Italiana (Premio extraordinario de doctorado, 2012) por la Universidad de Córdoba y la Università degli Studi di Roma "TorVergata", ha compaginado su actividad investigadora con la labor traductora en el seno de la Unidad de Traducción Española de la DG de Traducción del Parlamento Europeo (Sede de Luxemburgo), donde ha colaborado en la realización de la base de datos terminológica IATE (ámbito de derechos humanos, ES, IT, PT).